MICHAEL SINCERE

SO WERDEN SIE ZUM DAYTRADER

DAS DAYTRADING-ABC FÜR EINSTEIGER

BÖRSENBUCHVERLAG

Die Originalausgabe erschien unter dem Titel
Start Day Trading Now
ISBN 978-1-4405-1186-8

2. Auflage 2012

Übersetzung: Egbert Neumüller
Gestaltung und Satz: Jürgen Hetz, denksportler Grafikmanufaktur
Gestaltung und Herstellung: Johanna Wack, Börsenmedien AG
Lektorat: Stefanie Barthold
Druck: GGP Media GmbH, Pößneck

ISBN 978-3-864700-43-9

Bibliografische Information der Deutschen Nationalbibliothek:
Die Deutsche Nationalbibliothek verzeichnet diese Publikation in der
Deutschen Nationalbibliografie; detaillierte bibliografische Daten
sind im Internet über <http://dnb.d-nb.de> abrufbar.

BÖRSEN MEDIEN
AKTIENGESELLSCHAFT

Postfach 1449 • 95305 Kulmbach
Tel: +49 9221 9051-0 • Fax: +49 9221 9051-4444
E-Mail: buecher@boersenmedien.de
www.boersenbuchverlag.de

Meiner Mutter und meinem Vater,
die nie aufgehört haben,
an mich und an das zu glauben,
was ich erreichen könnte.

„Sincere packt eine sehr schwierige Aufgabe an: jemandem, der keine Ahnung davon hat, das Daytrading beizubringen. Geschickt erklärt er die diversen Werkzeuge (Indikatoren, Charts und so weiter), die einem Orientierung und Hinweise für die Kaufentscheidung geben können. Sincere zeigt dem Leser, wie er seine Anlagen durch Stop-Loss-Orders schützen kann, und er spricht eine Menge Warnungen über die Komplexität dieser Aufgabe aus. Der Leser soll begreifen, dass er behutsam anfangen und Geduld mitbringen muss, um nützliche Erfahrungen zu sammeln, bevor er sich mit echtem Geld ins Gewühl stürzt."

– Mark D. Wolfinger,
Autor von „The Rookie's Guide to Options"

INHALT

DANKSAGUNGEN

Dank geht an Peter Archer, den für Akquisitionen zuständigen Lektor bei Adams Media, weil er mir die Möglichkeit gab, dieses Buch zu schreiben, und weil er geduldig bis zum Schluss mir mir daran gearbeitet hat; und an die inhaltlich verantwortliche Lektorin Jennifer Lawler für die hervorragende Arbeit, die sie geleistet hat.

Auch bin ich Siranirin Rattananiphon dankbar dafür, dass sie immer für mich da war.

Außerdem bedanke ich mich bei Harvey Small, Jason Zimmer, Karina Benzineb, Karolina Roubickovi, Hazel Diana Garcia und Anna Ridolfo, weil sie mir zugehört haben; bei Toni Turner für ihre Ermunterung und ihre Ideen und dafür, dass sie mir tolle Zitate lieferte; bei Paula Florez, meiner äußerst hilfreichen Assistentin; bei Alexandra Bengtsson, die vom Daytrading schon immer fasziniert war; bei dem Karikaturisten Randy Ruether, dem Fotografen Sean

Murdock und dem Webdesigner Ryan Saunders; bei Adam Banker für seine Hilfe hinter den Kulissen; bei Matt Heien für seine Werbeanstrengungen.

Dieses Buch hätte ohne die Hilfe der folgenden Experten nicht geschrieben werden können: die Trader John Kurisko, Peter Reznicek, Timothy Sykes und Toni Turner; Marcel Link, der seine Erkenntnisse über die emotionalen Anforderungen des Tradings mit mir teilte; Charles Kirk, der mich über das Für und Wider des Trader-Daseins aufklärte; Simon Maierhofer mit seinem Wissen über ETFs; Joe Harwood, der mich an seinem detaillierten Know-how über Optionen teilhaben ließ; Tom McClellan, der mir beim McClellan-Oszillator half; Steve Nison mit seinen Kenntnissen über das Trading mit Candlesticks; und Mark Wolfinger, der mir sehr konkrete Vorschläge machte.

ÜBER DEN AUTOR

Michael Sincere (www.michaelsincere.com) hat eine Reihe von Investment- und Trading-Büchern geschrieben. Als Finanzjournalist hat er Hunderte von Kolumnen und Zeitschriftenartikeln über Investment und Trading verfasst, unter anderem eine monatliche Kolumne für MarketWatch. Er wurde von Dutzenden landesweiten Radiosendern interviewt und hat in diversen Finanzsendungen unter anderem auf *CNBC* sowie in *World News Now* auf *ABC* über seine Bücher gesprochen. Er lebt in Boca Raton in Florida.

TEIL 1

DER EINSTIEG

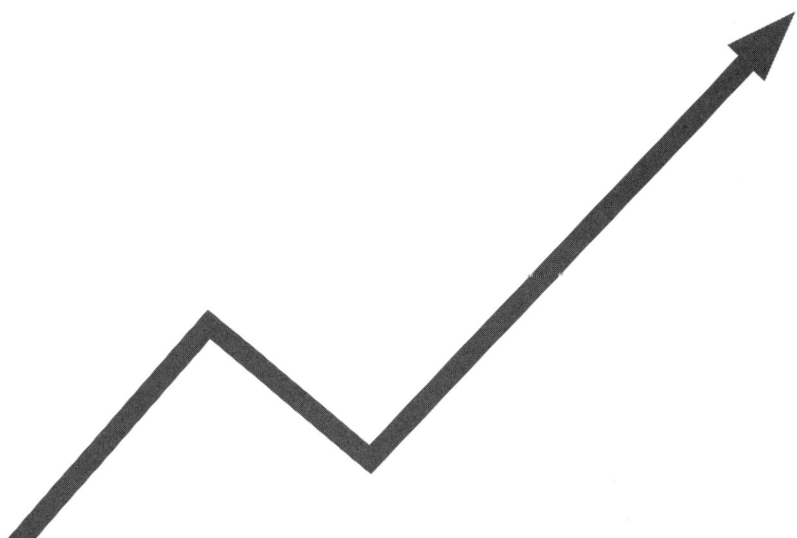

Bevor es losgeht, möchte ich Ihnen dafür danken, dass Sie sich die Zeit nehmen, mein Buch zu lesen. Ich freue mich, dass Sie mehr über das Daytrading erfahren wollen – eine faszinierende, aber oft missverstandene Art, Geld zu verdienen. Bereiten Sie sich darauf vor, innerhalb kurzer Zeit viele neue Informationen zu bekommen. Das Buch beinhaltet Erklärungen und Definitionen von Begriffen, die Sie vielleicht noch nicht kennen. Diese Wörter, die im Text kursiv gedruckt sind, kommen auch in dem Glossar am Ende des Buches vor, damit Sie stets informiert sind.

Im ersten Teil zeige ich Ihnen, wie man ein Konto und ein Home-Office einrichtet und wie man mit speziellen Tools seinen ersten Trade durchführen kann. Das ist der einfache Part.
Der schwierige Part besteht darin, alle gesammelten Informationen so einzusetzen, dass man mehr verdient. Sie begeben sich auf eine lehrreiche und unterhaltsame Reise, auf der ich Ihnen zeigen möchte, wie Sie zum besseren Trader werden, Ihnen aber auch dabei helfen möchte, Ihr Risiko zu managen.

Und jetzt lassen Sie uns anfangen!

DIE ERÖFFNUNGSGLOCKE: WAS IST DAYTRADING?

Daytrading oder Intradaytrading ist eine Methode, die genau so funktioniert, wie sie sich anhört: Man geht ein Geschäft – einen Trade – mit einer oder mehreren Aktien (oder anderen Wertpapieren) ein und steigt aus diesem Trade – den man mehrere Sekunden, Minuten oder Stunden gehalten hat – vor dem Ende des Tages wieder aus. Ich spreche in diesem Buch oft von Daytrading als Strategie. Das ist zwar nur eine semantische Frage, aber man könnte es auch als Methode, Technik, Stil oder Tätigkeit bezeichnen. Ziel ist es, einen Trade zu machen, mit Gewinn auszusteigen – je früher, desto besser – und trotzdem nachts ruhig zu schlafen.

Eine Anmerkung für alle Leser außerhalb der USA: Beim Verfassen dieses Buches hatte ich zwar den US-Aktienmarkt im Kopf, aber die darin enthaltenen Informationen lassen sich auf jeden beliebigen Aktienmarkt anwenden, an dem Sie traden.

MYTHOS UND WIRKLICHKEIT

Es gibt eine Menge Mythen über das Daytrading. Da viele schlecht informierte Trader in der Vergangenheit Fehler gemacht haben, meinen manche Menschen, Daytrading wäre zu riskant. Sie glauben fälschlicherweise, Daytrader wären zehn Stunden am Tag an den Computer gefesselt, würden Hunderte blitzschnelle Trades machen und dabei 500 Dollar an Pennybeträgen zusammenklauben.

Es mag zwar ein paar Leute geben, die diesem Klischee entsprechen, aber moderne Daytrader sind mit ihren Trades wählerischer. Meistens traden sie schlauer und tätigen pro Tag nur eine Handvoll Transaktionen. Viele Daytrader möchten nicht hyperaktiv sein (und Hunderte von Trades am Tag tätigen), sondern traden lieber nur bei hohen Wahrscheinlichkeiten (wenn die Chancen zu ihren Gunsten stehen). Welche Art von Trader man sein will, ist eine rein persönliche Entscheidung.

Auch bedeutet Daytrading nicht, dass man sich an einem Pool im sonnigen Süden räkelt und vom Notebook oder Handy aus tradet. Zwar mögen ein paar affektierte Trader ihre Transaktionen während eines ausgiebigen Urlaubs tätigen, aber wenn sie in einer solchen Umgebung traden, bleiben sie wahrscheinlich nicht lange profitabel. Warum nicht? Die meisten Daytrader müssen sich ohne Ablenkungen wie ein Laserstrahl auf den Bildschirm fokussieren. Sie müssen jederzeit aufmerksam und auf dem neuesten Stand sein.

Trader arbeiten sehr hart – sie haben womöglich eine 50- oder 60-Stunden-Woche. Außerdem müssen sie sich um ihre Steuern, die technische Wartung und ihre Ausbildung kümmern. Sie müssen blitzschnell Entscheidungen treffen, und wenn sie falsch liegen, kann sie das Geld kosten. Da sie kein regelmäßiges Einkommen haben, empfinden Trader häufig einen gewaltigen Druck, übertrieben zu traden, damit sie genug verdienen. Und da sich die Märkte ständig wandeln, müssen sich Trader stetig weiterentwickeln und an die Marktbedingungen anpassen. Eine Strategie, die in dem einen Jahr gut funktioniert, geht im nächsten Jahr vielleicht schief.

Doch trotz all dieser Herausforderungen ist es möglich, erfolgreicher Daytrader zu sein – allerdings muss man dafür viel leisten.

Auf der positiven Seite bedeutet es allerdings auch, dass man seine Zeit und seinen Terminkalender selbst kontrolliert. Man braucht nicht ins Büro zu fahren und hat keinen Chef. Es ist äußerst befriedigend, wenn man einen guten Trade findet und dafür mit Geld belohnt wird. Und vergessen Sie nicht, dass man von jedem Ort der Welt aus traden kann, dass es dabei keine Kleidervorschriften gibt und dass man die Freiheit hat, sich seine eigenen finanziellen Ziele zu setzen.

Manche Trader verbinden das Beste aus beiden Welten miteinander, indem sie in Teilzeit traden. Man kann zum Beispiel vormittags einen Trade eingehen und automatische Trigger setzen, die den Verkauf auslösen, wenn die Aktie einen bestimmten Preis erreicht. In diesem Fall ist Daytrading eine Strategie, die man einsetzt, wenn die Marktbedingungen passen. Über die Vorzüge des Teilzeit-Tradings erfahren Sie im nächsten Kapitel mehr.

WARUM SIE DIESES BUCH LESEN SOLLTEN

Wenn Sie ein Trading-Frischling sind und mehr über das Daytrading erfahren wollen, sind Sie hier an der richtigen Adresse. Sie werden lernen, wie Sie Daytrading-Strategien in Ihr Portfolio einbauen können. Und wenn Sie darüber nachdenken, Vollzeit-Daytrader zu werden, haben Sie nach der Lektüre des vorliegenden Buches eine bessere Vorstellung davon, ob das Daytrading etwas für Sie ist. Viele Lektionen, die Sie in diesem Buch lernen, werden – unabhängig davon, welche Art von Trader Sie sind – unschätzbar wertvoll sein. Außerdem werde ich Ihnen helfen, einige der gängigsten Fallstricke zu umgehen.

Falls Sie dieses Buch aus Neugier oder zur Unterhaltung lesen – ich tue mein Bestes, Ihre Bedürfnisse zu erfüllen. Wie in meinen anderen Büchern auch, versuche ich, Ihnen das Daytrading so zu erklären, als würden Sie mir an meinem Küchentisch gegenübersitzen. Mein Ziel ist es, Ihnen Zeit und Geld zu sparen, während ich Sie informiere und motiviere. Und das werden Sie lernen:

- Wie man anfängt – unter anderem: wie viel Geld Sie brauchen werden, wie Sie einen Broker auswählen und nutzen, wie Sie ein Trading-Konto einrichten.
- Wie man Charts liest – ein für Daytrader unentbehrliches Werkzeug.
- Wie man technische Indikatoren verwendet, um festzustellen, wohin der Markt oder eine bestimmte Aktie unterwegs sind.
- Wie man einen Trade durchführt – ich geleite Sie Schritt für Schritt durch Ihren ersten Daytrade.
- Wie man sein Geld und seine Emotionen managt.
- Und vieles mehr, unter anderem in Form von Interviews mit professionellen Daytradern.

WIE VIEL GELD KANN ICH VERDIENEN?

Sie wollen wahrscheinlich wissen, wie viel Geld Sie als Daytrader verdienen können. Vielleicht haben Sie sich sogar schon ein Ziel gesetzt, beispielsweise zwischen 200 und 300 Euro am Tag. Dass Sie

Geld verdienen wollen, mag vielleicht sogar der Grund sein, aus dem Sie dieses Buch lesen.

Lassen Sie mich Ihnen sagen, worin das oberste Ziel dieses Buches besteht: Ihnen dazu zu verhelfen, dass Sie gut traden können. Die Generierung von Profiten ist zwar ein lohnenswertes langfristiges Ziel, aber im Vergleich dazu, dass man nur tradet, wenn die Chancen zu den eigenen Gunsten stehen, und dass man anhand von Wahrscheinlichkeiten tradet, ist dieses Ziel zweitrangig.

Die erste Frage, die Sie stellen, sollte nicht lauten: „Wie viel Geld kann ich verdienen?" Sie sollte vielmehr lauten: „Wie viel Geld kann ich verlieren?"

Mein Hauptanliegen ist Ihre finanzielle Sicherheit und diese Verantwortung nehme ich sehr ernst. Sie können nur Geld verdienen, wenn sie auf die richtige Art daytraden. Wenn Sie das nicht tun, können Sie Ihr gesamtes Geld schneller verlieren, als Sie sagen können: „Was ist passiert?"

Wenn Sie Daytrading betreiben wollen, müssen Sie sich der Risiken genauso bewusst sein wie der Vorzüge. Nur allzu viele Menschen begeben sich mit zu viel Geld und zu wenig Wissen auf den Markt. Tatsächlich ist einer der Gründe für den schlechten Ruf des Daytradings, dass Tausende von Menschen ihren Vollzeitjob gekündigt haben, sich ihre Altersvorsorge haben auszahlen lassen und alles in den Markt gesteckt haben. Viele Daytrader haben außerordentliche Renditen erzielt, vor allem auf dem Höhepunkt von Haussen. Doch leider dauern Haussen nicht ewig. Wenn eine Hausse endet, funktionieren viele zuvor erfolgreiche Strategien nicht mehr und die Menschen machen Verlust. Leider verlieren sie dabei manchmal mehr, als sie am Anfang hatten.

Bedenken Sie eines: Wenn Sie lernen, wie man gut tradet, können Sie ein Leben lang traden, nicht nur einen Tag lang. Konzentrieren Sie sich also bei der Lektüre dieses Buches darauf, ein möglichst guter Trader zu werden. Wenn Sie das Buch zu Ende gelesen haben, werden Sie nicht nur gelernt haben, wie man daytradet, sondern Sie werden auch wissen, ob das Daytrading für Sie und Ihre finanziellen Ziele eine sinnvolle Strategie ist.

1.000 Dollar am Tag

Ich möchte Ihnen eine kleine Anekdote erzählen:
Eine Freundin von mir war fasziniert, dass ich in den Markt einsteigen und anscheinend mit Leichtigkeit Geld herausholen konnte. Sie hielt die Börse für einen riesigen Geldautomaten.
Eines Tages rief sie mich an und sagte: „Ich brauche 1.000 Dollar. Kannst du einen Daytrade für mich machen?"
Das erinnerte mich an die nächtlichen Werbespots, die einem versprechen: „1.000 Dollar am Tag, und Sie arbeiten bequem von zu Hause aus!"
Aber trotzdem: Es ist zwar durchaus möglich, dauerhaft 1.000 Dollar am Tag zu verdienen, aber selbst wenn man 100.000 Dollar auf dem Konto hat, ist das kaum wahrscheinlich. Schon 500 Dollar am Tag – also 0,5 Prozent – wären fantastisch.
Tausende professionelle Fondsmanager würden alles tun, um solche Renditen zu erzielen.

Ich empfehle, das Daytrading zu erlernen, ohne sich tägliche Finanzziele zu setzen. Fangen Sie an, Wissen und Erfahrung zu sammeln. Mit der Zeit werden Sie feststellen, dass Disziplin der Schlüssel zum Erfolg ist – eine Eigenschaft, die wir im Laufe des Buches noch ausführlich erkunden werden.

DAS GRÖSSTE HINDERNIS FÜR IHREN ERFOLG

Viele große Institutionen geben Hunderte Millionen Dollar für Hochgeschwindigkeitscomputer und komplexe Algorithmen aus, mit denen sie täglich 1.000 oder mehr Trades mit Penny-Gewinnen durchführen können, weil sie einen Vorsprung vor anderen Tradern haben. Diese Pennys summieren sich auf Milliarden Dollar im Jahr. Da so viele Institutionen solche Hochfrequenzstrategien einsetzen, ist der Wettbewerb im Daytrading intensiver geworden denn je.

Zum Glück kann der einsame Daytrader trotzdem gedeihen. Daytrading ist zwar nicht so leicht, wie sich das manche Menschen erhoffen, aber es ist auch nicht so riskant, wie viele meinen.

Wenn Sie lernen, das größte Hindernis für Ihren Erfolg zu überwinden, können Sie sich eine eigene profitable Nische einrichten. Was dieses Hindernis ist? Ihre Emotionen. Zu lernen, wie man daytradet, ist der leichte Teil. Der schwierige Teil ist die Überwindung der psychologischen Herausforderungen. Ich widme diesem Thema zwar ein eigenes Kapitel, aber es kann einige Zeit dauern, bis Sie lernen, Ihre Instinkte zu ignorieren und Ihre Emotionen zu beherrschen. Wenn es irgendetwas gibt, das Ihrem Konto schaden kann, dann sind es Ihre Emotionen.

Nun, da Sie eine realistischere Vorstellung davon haben, wogegen Sie antreten, lassen Sie uns loslegen. Bedenken Sie: Mit den richtigen Informationen, den richtigen Tools und der richtigen geistigen Einstellung können Sie ein erfolgreicher Daytrader sein.

KAPITEL 1

DIE GRUNDLAGEN BEHERRSCHEN

In diesem Kapitel lernen Sie, wie man ein Brokerage-Konto eröffnet, wie die Kapitalanforderungen zu verstehen sind und wie man ein Home-Office einrichtet. Außerdem erfahren Sie etwas über einfache Handelsinformationen und Trading-Begriffe.

DIE AUSWAHL DER BROKERFIRMA

Wenn Sie beschlossen haben, Daytrading zu betreiben, müssen Sie sich für eine Brokerfirma entscheiden, einen registrierten Broker-Dealer, der als Vermittler zwischen Käufern und Verkäufern fungiert. Damit Sie Aktien kaufen und verkaufen können, müssen Sie ein Konto bei einer Brokerfirma eröffnen.

Diese wichtige Entscheidung ist mit ein paar wesentlichen Erkundigungen verbunden. Brokerfirmen lassen sich in drei Haupttypen unterteilen (die alle ausgefeilte Handelsplattformen und Online-Trading anbieten):

- Online-Discountbroker sind für eigenständige Trader gedacht. Sie bieten wenige bis gar keine Investment-Ratschläge, dafür aber niedrige Gebühren, schnelle Ausführung, ausgefeilte Chart-Darstellungen sowie unabhängiges Research und Kundenservice.
- Direktbroker ähneln Discountbrokern, sind aber gewöhnlich auf professionelle Trader ausgerichtet. Sie bieten Anfängern wenig Unterstützung, aber für Trader mit hohen Umsätzen sind die Gebühren niedrig.
- Full-Service-Broker kooperieren in erster Linie mit langfristig orientierten Anlegern, nicht mit Daytradern. Sie teilen einem gegen eine Jahresgebühr oder eine teure Provision einen persönlichen Aktienmakler oder Vertreter zu, mit dem man dann zusammenarbeitet. Man bezahlt für konkrete Investmentratschläge und Aktienideen.

Beliebte Online-Discountbroker sind beispielsweise Fidelity Investments, thinkorswim, E*Trade, TD Ameritrade, OptionsXpress, TradeMONSTER, Scottrade, Charles Schwab & Co. und TradeKing. Beliebte Direktbroker sind unter anderem Trade Station Securities, MB Trading und Interactive Brokers.

DIE AUSWAHL EINES ONLINE-BROKERS

Wenn Sie sich für einen Online-Broker entscheiden, nehmen Sie einen, der landesweit einen guten Ruf hat, eine zwölfstündige Telefon-Hotline und günstige Gebühren (unter zehn Dollar pro Trade). Für Anfänger ist es ein enormer Vorteil, wenn die Brokerfirma auch dann

Fragen beantwortet, wenn die Märkte geschlossen sind. Außerdem sollte man eine Firma nehmen, bei der man vielfältige Trading-Strategien einsetzen kann (nicht nur *Buy and Hold,* sondern auch Daytrading und andere kurzfristige Handelsstrategien), die leicht lesbare Charts sowie zeitnahe *Fills* anbietet (wenn man eine Aktie kauft oder verkauft, wird die Order schnell erfüllt oder ausgeführt).

Bei den meisten Online-Brokern gibt es Echtzeitkurse per Stream, übersichtliche und sichere Websites sowie verständliche Fenster für Gewinn-und-Verlust-Rechnungen. Und mit größter Wahrscheinlichkeit bieten sie günstige Gebühren. Dazu kommt, dass die Spitzen-Online-Brokerfirmen Schulungsmöglichkeiten anbieten, zum Beispiel Webinare und Artikel über Trading und Geldanlage. Möglicherweise bieten sie auch vorgefertigte Trading-Strategien, einstellbare Charts, Trading-Warnmeldungen, Optionshandel und die Möglichkeit, an Auslandsbörsen zu handeln. Normalerweise sind diese Sonderleistungen in der Transaktionsgebühr enthalten.

Ich empfehle Ihnen nachdrücklich, eine Weile „Paper-Trading" zu betreiben, bevor Sie echtes Geld riskieren. Bei vielen Brokerfirmen gibt es Paper-Trading-Konten, auf denen Sie das Traden üben können, bevor Sie Geld in den Markt investieren. Es gibt auch Websites, auf denen Sie ganz ohne echtes Geld Trades einrichten und Erfahrungen sammeln können.

Wenn Sie schnell einen renommierten Online-Broker finden wollen, suchen Sie im Internet danach (zum Beispiel mit den Suchbegriffen „Online Broker Vergleich" und dem laufenden Jahr). Dann erscheint gleich eine Reihe von Artikeln unabhängiger Quellen, zum

Beispiel von *Der Aktionär* und anderen Zeitschriften (wobei es passieren kann, dass man sie vorübergehend abonnieren muss, um den Vergleich zu sehen).

Und schließlich können Sie jederzeit andere Trader fragen, welche Broker sie empfehlen würden. Als Neuling sollte man es ernsthaft in Erwägung ziehen, sich bei einem der bekannten Online-Broker anzumelden. Warum? Wegen ihres hervorragenden Rufs, ihres Online- und Telefon-Supports und ihrer zeitnahen Order-Ausführung.

DIE VERWENDUNG EINES DIREKTBROKERS

Wenn Sie schon eine gewisse Erfahrung haben, können Sie einen Direktbroker ohne Schnickschnack in Erwägung ziehen, der Gebührennachlässe auf hohe Umsätze bietet. Die Hauptvorteile neben dem direkten Zugang sind die einstellbaren Charts, die Nachrichten- und Suchdienste sowie die sehr schnelle Ausführung. Die schnelle Ausführung ist in den Handelsgebühren enthalten, aber Nachrichten- und Datendienste kosten manchmal extra. Wenn Sie einen Direktbroker nutzen, können Sie außerdem manuell ein ECN (Electronic Communication Network) auswählen, also ein Computersystem, über das Sie direkt untereinander handeln. Manche Trader leiten ihre Orders gern direkt an ein ECN, vor allem an schnellen Märkten. Das geht auch bei manchen Online-Brokern. Der Hauptvorteil bei der Nutzung eines ECN ist die Schnelligkeit.

Der Hauptnachteil mancher Direktbroker ist der fehlende Kundenservice. Im Gegensatz zu vielen anderen Brokerfirmen, die mit Ihnen geduldig über alle Aspekte des Tradings sprechen, bieten manche Direktbroker nur Hilfe zu ihrer Software an. Und die gute Nachricht? Diese Firmen wetteifern aggressiv um Neukunden und deshalb erweitern viele von ihnen ihren Service. Sprechen Sie daher mit ihnen, um genau herauszufinden, was sie bieten, was das kostet und wie viel Support Sie bekommen.

Um die am besten bewerteten Direktbroker zu finden, suchen Sie im Internet (zum Beispiel mit den Suchbegriffen „Direktbroker Vergleich" und dem laufenden Jahr). Auch hier bekommen Sie dann Listen mit den besten Direktbrokern und sonstige Vergleiche.

FRAGEN ÜBER FRAGEN

Bevor Sie sich bei einer Brokerfirma anmelden, stellen Sie viele Fragen und schauen Sie sich ihre Website sorgfältig an. Finden Sie heraus, wie hoch die monatlichen Gebühren, die Transaktionsgebühren und die Margin-Zinsen sind (die Zinsen, die Sie bezahlen, wenn Sie sich von dem Brokerhaus Geld leihen), welche Chartsoftware sie anbietet und ob die Telefon-Hotline auch abends und am Wochenende offen ist. Falls möglich, probieren Sie die Trading-Software und die Charts aus, bevor Sie ein Konto eröffnen. Bei manchen Firmen bekommen Sie darauf schon vor der Anmeldung Zugriff. Brokerfirmen schätzen aktive Trader wie Sie sehr und bemühen sich aus diesem Grund, Ihre Bedürfnisse zu erfüllen.

WO MUSS ICH UNTERSCHREIBEN?

Wenn Sie sich für eine Brokerfirma entschieden haben, müssen Sie bei ihr ein Trading-Konto eröffnen. Bevor Sie zum Handel zugelassen werden, müssen Sie einen Fragebogen über Ihre Trading-Erfahrung und Ihre Risikotoleranz ausfüllen. Machen Sie sich wegen Ihrer Antworten keine Sorgen – das ist weder eine Prüfung noch werden sie für irgendetwas verwendet (normalerweise wird der Fragebogen nach der Platzierung Ihres ersten Trades irgendwo abgelegt und wahrscheinlich nie wieder angeschaut).

Außerdem erfahren Sie dann die Mindestsumme für die Kontoeröffnung. Das können 2.500 Dollar sein, aber das ist von Firma zu Firma unterschiedlich. Dann werden Sie gefragt, ob Sie ein *Margin*- oder ein Guthabenkonto wollen. „Margin" bedeutet, dass Sie sich bei Bedarf einen Einschusskredit von der Brokerfirma leihen können. Vielleicht sollten Sie sich aus Gründen der Flexibilität für die Margin entscheiden – denn dass Sie sie nutzen dürfen, heißt ja nicht, dass Sie sie wirklich nutzen sollten. Als Anfänger sollte man die Margin am besten (vorläufig) meiden, aber es ist hilfreich, wenn sie bereitsteht. Nichtsdestrotrotz empfehle ich, dass Sie zuerst lernen, mit Ihrem eigenen Geld zu traden, bevor Sie geliehenes Geld in die Hand nehmen. Anmerkung: Damit ein Marginkonto genehmigt wird, gilt möglicherweise eine Mindestanforderung von 5.000 Dollar. Eine Kreditauskunft brauchen Sie für die Genehmigung der Margin nicht vorzulegen, Ihre Sicherheiten sind die gekauften Aktien.

Außerdem werden Sie gebeten, anzugeben, in welchem Stil Sie vermutlich handeln werden. Neben „Daytrader" können Sie sich hier entscheiden, ob Sie „Anleger" oder „Trader" sein wollen. Ein Anleger oder Investor ist jemand, der Aktien oder andere Finanzinstrumente über einen längeren Zeitraum hält. Ein Trader kauft und verkauft Aktien oder andere Finanzinstrumente in der Hoffnung, aus kurzfristigen Preisschwankungen Gewinn zu ziehen (Sie können sich auch überlegen, zwei Konten zu eröffnen: eins für das kurzfristige Trading und eins für langfristige Anlagen).

Und schließlich wird die Brokerfirma Sie fragen, wie viele Trades pro Woche oder pro Monat Sie vorhaben.

Wenn Sie „Daytrading" angeben, müssen Sie sich an Regeln halten, die sicherstellen sollen, dass Sie über die nötigen finanziellen Mittel für die Verwaltung eines Daytrading-Kontos verfügen. In dem Abschnitt „Was ist ein Pattern-Daytrader?" in diesem Kapitel erfahren Sie mehr über diese speziellen Regeln.

GEBÜHREN SPAREN

Der Übergang zu niedrigen Kommissionen hat die Brokerbranche revolutionär verändert. In früheren Zeiten verlangten die Brokerhäuser häufig 100 Dollar oder mehr pro Trade. Das zwang viele Menschen dazu, Aktien zu kaufen und zu halten. Sobald der Online-Handel eingeführt wurde, waren die hohen Gebühren nur noch eine Fußnote der Geschichte. Heutzutage belaufen sich die Transaktionsgebühren gewöhnlich auf eine Pauschale von zehn Dollar pro Trade oder weniger, aber das variiert von Firma zu Firma. Vielleicht können Sie auch eine Kommission „pro Aktie" aushandeln. Das hängt von Ihrem Trading-Stil und den Gebühren Ihres Brokers ab.

Bleiben Sie für den Anfang bei der Pauschale.
Wenn Sie mehr Erfahrung haben, können Sie immer noch andere Gebührenstrukturen erkunden.

Wenn Sie viel traden, können Sie nach einiger Zeit mit der Brokerfirma günstige Gebühren aushandeln. Beispielsweise bezahlt ein professioneller Trader wahrscheinlich 0,015 bis 0,01 Dollar pro Aktie. Beachten Sie: Selbst zu den niedrigeren Preisen fallen beim Daytrading eine Menge Gebühren an. Wenn Sie profitabel sein wollen, müssen Sie mit einem Trade mehr Geld verdienen, als Sie dafür Gebühren bezahlen.

WAS IST EIN PATTERN-DAYTRADER?

Wegen vergangener Missbräuche haben das Regulation Board of Directors der National Association of Securities Dealers (NASD) und die Securities and Exchange Commission (SEC) konkrete Richtlinien für alle erlassen, die Daytrading betreiben. Wenn man innerhalb von fünf Handelstagen mehr als vier Daytrades durchführt, gilt man als „Pattern-Daytrader".

Es gilt beispielsweise als Daytrade, wenn man am Montag Oracle (Nasdaq: ORCL) kauft und die Aktie vor Handelsschluss wieder verkauft. Wenn man Oracle am Dienstag kauft und am Mittwoch wieder verkauft, ist das kein Daytrade. Wenn man dann am Donnerstag dreimal Oracle kauft und wieder verkauft, gilt das als drei weitere Daytrades und man hat die Quote von vier Daytrades erreicht. In diesem Fall wird man ab Donnerstag als Pattern-Daytrader bezeichnet.

Sobald man dieses Etikett trägt, muss man jederzeit mindestens 25.000 Dollar auf dem Konto haben. Wenn man am Ende eines Handelstages keine 25.000 Dollar auf dem Konto hat, kann die Brokerfirma hinsichtlich des Kontos eine Warnung aussprechen und es sogar für 90 Tage sperren. Damit Sie jederzeit in Sicherheit sind, falls Sie einmal Verluste machen, sollte Ihr Konto als Polster mit 30.000 Dollar gedeckt sein. Geben Sie die Schuld daran nicht Ihrer Brokerfirma. Die Vorschrift hat die SEC aufgestellt.

DER VOLLZEIT-DAYTRADER

Selbst wenn man als Vollzeit-Daytrader 50.000 Dollar auf dem Konto hat, kann es eine Herausforderung sein, genug Geld zu verdienen, um sich selbst und seine Familie zu ernähren. Aus diesem Grund ist es so wichtig, dass Sie mit einem Übungskonto anfangen. Wenn Sie damit konsequent erfolgreich sind, können Sie daran denken, sich Ihren Lebensunterhalt zu ertraden. Aber auch wenn Sie das Daytrading nicht zu Ihrem Vollzeitberuf machen, können Sie einen Teil der entsprechenden Strategien einsetzen, sofern die Marktbedingungen passen. Das geht auch in Teilzeit.

DER TEILZEIT-DAYTRADER

Wenn Sie befürchten, Sie könnten die 25.000 Dollar nicht aufbringen, die man als Pattern-Daytrader mindestens braucht, haben Sie noch andere Möglichkeiten. Erstens können Sie planen, Teilzeit-Daytrader zu werden und höchstens vier Daytrades an den fünf Werktagen zu machen. Wenn Sie sich für diese Strategie entscheiden, müssen Sie allerdings immer aufpassen, dass Sie mit Ihrem Konto innerhalb der fünf Tage auch wirklich nie mehr als vier Daytrades tätigen.

Der Hauptvorteil als Teilzeit-Daytrader besteht darin, dass man gelegentlich Daytrading-Strategien einsetzen kann, ohne dass man die strengen finanziellen Anforderungen zu erfüllen braucht, beispielsweise die Mindesteinlage von 25.000 Dollar.

Der Nachteil ist, dass es nicht leichtfällt, sich an die Vier-Trades-Regel zu halten. Wenn die richtigen Marktbedingungen herrschen, könnte man versucht sein, noch den einen oder anderen Trade dazuzunehmen, aber das geht natürlich nicht. Wenn man keine 25.000 Dollar auf dem Konto hat, darf man nicht zum Pattern-Daytrader werden. Es mag zwar anstrengend sein, sich auf weniger als vier Trades in fünf Handelstagen zu beschränken, aber die Alternative ist eine harte Strafe (wie gesagt, das Konto könnte für 90 Tage gesperrt werden). Sobald man den vierten Trade tätigt, ist es zu spät: Dann ist man ein Pattern-Daytrader. Da die Vorschrift zum Pattern-Daytrader noch weitere Feinheiten enthält, ist es ratsam, die Anforderungen mit einem Vertreter der Brokerfirma zu besprechen. Zum Beispiel werden momentan IRAs und 401(k)s bei dem Minimum von 25.000 Dollar berücksichtigt. Aber viele Vorschriften können sich im Laufe der Zeit ändern – halten Sie sich deshalb auf dem Laufenden, indem Sie mit Unternehmensvertretern sprechen. Und vergessen Sie nicht, dass Daytrading für Ihre Rentenersparnisse nicht das Richtige ist. Halten Sie dieses Geld getrennt davon. Nehmen Sie für das Daytrading Geld, das zu verlieren Sie sich leisten können.

GELD: DEN SCHMERZ SPÜREN

Wenn es Ihnen so vorkommt, als bräuchten Sie erst viel Geld, um Geld zu verdienen, hören Sie sich an, was der Profi-Trader und Marktmagier William Eckhardt einmal gesagt hat: „Ich kenne ein paar Multimillionäre, die mit einem ererbten Vermögen angefangen haben, zu traden. Sie alle haben alles verloren, weil sie den Schmerz des Verlustes nicht spürten. In den ersten, prägenden Jahren des Tradings hatten sie das Gefühl, sie könnten sich Verluste leisten. Man ist viel besser dran, wenn man mit wenig Geld in den Markt einsteigt und das Gefühl hat, dass man sich Verluste nicht leisten kann. Ich würde eher auf jemanden wetten, der mit ein paar Tausend Dollar anfängt, als auf jemanden, der mit Millionen einsteigt."

DIE MARGIN DURCHSCHAUEN

Wenn man bei einer Brokerfirma ein Margin-Konto hat, kann man sich Geld von der Brokerfirma leihen, um einen Trade vollständig oder zum Teil zu finanzieren. Dafür muss man die Margin-Anforderung erfüllen, also ein bestimmtes Kapital (Bargeld oder Wertpapiere) als Sicherheit bei der Brokerfirma eingelegt haben. Wie viel Kapital man dafür benötigt, hängt von mehreren Faktoren ab. Wenn man Anleger oder Trader ist (kein Daytrader), leiht einem die Brokerfirma gewöhnlich bis zu 50 Prozent (je nach den gekauften Aktien) des Depotwerts. Man nennt das Margin-Kaufkraft. Wenn man die Margin verwendet, setzt man einen Schuldenhebel ein, man handelt also mit geliehenem Geld. Wenn man einen Hebel (also die Margin) einsetzt, kann man zwar seine potenziellen Erträge vergrößern, man vergrößert dadurch aber auch die potenziellen Verluste.

Wenn man beispielsweise 10.000 Dollar hat und Aktien kaufen will, leiht einem die Brokerfirma wahrscheinlich weitere 10.000 Dollar für den Kauf zusätzlicher Aktien. Das sind dann insgesamt 20.000 Dollar (eine Kaufkraft von 2:1).

Die Brokerfirma hat bei der Entscheidung, wie viel Kaufkraft Sie bekommen, zwar einen gewissen Spielraum, aber den Höchstbetrag, den Sie aufnehmen können, legt das Federal Reserve Board fest. Die exakte Höhe Ihrer Kaufkraft hängt von einer Reihe von Faktoren ab, unter anderem davon, welche Art von Wertpapieren Sie kaufen wollen, und von Ihrem einschussfähigen Vermögen (zum Beispiel können gewisse Vermögenswerte, etwa Annuitäten, nicht als Kapital oder Sicherheit eingesetzt werden). Fragen Sie Ihre Brokerfirma nach den genauen Vorschriften. Erkundigen Sie sich außerdem nach dem Zinssatz, den sie für einen Einschusskredit verlangt. Höchstwahrscheinlich sind die Zinsen recht günstig.

Für Pattern-Daytrader gelten andere – aggressivere – Spielregeln. Sobald man als Pattern-Daytrader gilt, bekommt man wahrscheinlich einen *Intraday*-Hebel von 4:1. Das heißt, wenn man 30.000 Dollar auf dem Konto hat, bekommt man die Kaufkraft für Wertpapiere im Wert von 120.000 Dollar (4 x 30.000 Dollar). Dieser Betrag gilt aber nur für den einen Tag, nicht die ganze Zeit. Man kann also montags für 120.000 Dollar Wertpapiere kaufen, darf sie aber nicht über Nacht halten. Über Nacht gilt nämlich nach wie vor die Mindesteinschussforderung von 2:1. Wenn man die gesamte Intraday-Kaufkraft einsetzen will, muss man deshalb vor Ende des Handelstages Wertpapiere verkaufen, damit mit man die Mindesteinschussforderung von 2:1 wieder erfüllt.

Wenn Sie sich nicht an diese Regeln halten, bekommen Sie die gefürchtete *Nachschussforderung*, auch *Margin Call* genannt. Das bedeutet, Sie müssen innerhalb von 24 Stunden (manche Broker lassen einem weniger Zeit, andere mehr, also fragen Sie auf jeden Fall nach) so viel Geld auf Ihr Konto schaffen, dass die Mindesteinschussforderung erfüllt ist, denn sonst werden weitere Schritte unternommen. Beispielsweise kann der Broker Ihre Wertpapiere verkaufen, damit die Nachschussforderung erfüllt wird.

Fazit: Begeben Sie sich nicht in die Gefahr, eine Nachschussforderung zu bekommen. Falls doch, ist das ein deutliches Warnsignal, dass Sie Verlust machen. Das wäre dann ein guter Zeitpunkt, seinen Broker anzurufen und zu schauen, ob man das Konto gemeinsam vor weiterem Schaden bewahren kann.

WARUM DIE MARGIN SO SCHWER ZU MANAGEN IST

Die meisten Menschen, besonders Anfänger, haben Schwierigkeiten, die Margin zu managen. Das ist ja so, als würde man sein Haus beleihen oder hätte eine Kreditkarte mit 30.000 Dollar Guthaben und würde dafür ein Darlehen von 90.000 Dollar bekommen – da ist die Versuchung groß, das Geld für einen Großbildfernseher statt für das neue Dach auszugeben, das man eigentlich braucht. Für viele Menschen kann die Margin ein emotionales Erlebnis sein, weil es so leicht ist, damit ganz große Gewinne zu machen, man aber eben auch sehr schnell sehr viel verlieren kann.

Wenn Sie Neuling sind, rate ich Ihnen, so lange keinen Einschusskredit zu nutzen, bis Sie mehr Wissen und Erfahrung gesammelt haben. Wenn ein Trade zu Ihren Gunsten läuft, kann die Margin die Gewinne beschleunigen, doch wenn der Trade nicht zu Ihren Gunsten läuft, können die Verluste beträchtlich anziehen, was möglicherweise Ihrem Konto schadet.

In den alten Zeiten haben viele uninformierte Trader die Margin eingesetzt, um große Geldsummen auf Unternehmen wie Pets.com oder Kozmo.com zu verwetten, die irgendwann wertlos wurden. Als die Unternehmen bankrottgingen, machten auch einige Anleger Pleite. Geld am Aktienmarkt zu verlieren, ist schon schmerzlich genug, aber wenn man geliehenes Geld verliert, ist das noch schlimmer. Irgendwann muss man dieses Geld nämlich zurückzahlen.

Wenn Sie mit der Margin richtig umgehen und sie nicht als Geldautomat benutzen, kann sie Ihnen einen zusätzlichen Hebel verschaffen. Doch als Trader-Neuling sollten Sie nur kaufen, was Sie sich leisten können, und lernen, mit Ihrem eigenen Geld zu traden.

STEUERN FÜR DAYTRADER

Nur wenige Menschen wollen etwas über Steuervorschriften lesen, vor allem, weil sie sich jährlich ändern. Wer Vollzeit-Trader wird, der braucht einen Steuerberater, der genau weiß, wie man mit den steuerlichen Angelegenheiten umgeht. Der kann Ihnen auch sagen, ob es für Sie günstig ist, die Bewertung nach dem Marktwert anzusetzen, die in erster Linie für Profis gedacht ist. Das bedeutet, dass Ihre Wertpapiere am Ende jedes Handelstages neu bewertet werden.

Wenn Sie nicht aktiv traden oder pro Trade nur mit wenigen Aktien handeln, kann ein Steuerberater im Verhältnis zu Ihren Trading-Einkünften kostspielig sein.
Lesen Sie zur ersten Information die IRS Publication 550 (www.irs.gov).

Die gute Nachricht: Der Internal Revenue Service (IRS, das US-Finanzamt) hat die Behandlung von Trader-Konten verbessert, und zwar vor allem, weil das Trading so beliebt geworden ist und die Methoden aktualisiert werden mussten. Außerdem haben die Brokerfirmen die Berechnung von Gewinnen und Verlusten verbessert. Normalerweise bekommen Sie am Jahresende eine Übersicht, die Sie einfach Ihrem Steuerberater geben können. Bewahren Sie Ihre Belege auf jeden Fall auf, denn manche Ausgaben können Sie absetzen.

EIN HOME-OFFICE EINRICHTEN

Nachdem Sie nun gelernt haben, wie man ein Trading-Konto eröffnet und finanziert, ist der nächste Schritt die Einrichtung eines Home-Office. Auch wenn die Versuchung groß sein mag – nein, Sie brauchen nicht loszurennen, um einen neuen Computer und sechs Monitore zu kaufen.

Fangen Sie langsam an und investieren Sie keine riesigen Geldbeträge in den Aufbau Ihres Daytrading-Unternehmens.

Die meisten Trader richten sich das Büro in einem abgetrennten Bereich des Hauses oder einem ruhigen Arbeitszimmer ein, damit sie sich darauf konzentrieren können, ernsthafte finanzielle Entscheidungen zu treffen. Stellen Sie dort einen Fernseher mit Stummschalttaste auf (damit Sie zwar Börsensender schauen können, aber nicht davon abgelenkt werden). Halten Sie die Ausstattung zunächst einfach. Erweitern können Sie sie immer noch, wenn es nötig wird oder wenn die Technik Fortschritte macht.

DER KAUF EINES DESKTOPCOMPUTERS

Da Ihr Computer über Ihr Wohl und Wehe als Daytrader entscheiden kann, ist er Ihre wichtigste Anschaffung. Sie brauchen genug Geschwindigkeit und Leistung, um mehrere Programme, Monitore und Nachrichtendienste gleichzeitig zu betreiben. Um multitaskingfähig zu sein, benötigen Sie einen schnellen Internetanschluss und reichlich Speicher (vor allem RAM). Egal, welchen Computer Sie benutzen, achten Sie darauf, dass er zuverlässig ist. Die meisten Brokerfirmen arbeiten zwar am besten mit Windows-Betriebssystemen zusammen, bemühen sich aber auch, die Bedürfnisse von Apple-Usern zu erfüllen. Fragen Sie bei Ihrer Brokerfirma nach.

Da die Desktopcomputer immer schneller und billiger werden, gehören große Festplatten, Grafikkarten, mehrere Anschlüsse und Wireless-Router inzwischen zur Standardausstattung. Außerdem müssen Sie in ein zuverlässiges Back-up-System für den Fall investieren, dass Ihre Festplatte versagt. Sie brauchen einen hochauflösenden Monitor mit mindestens 19 Zoll (21 Zoll sind noch besser). Dort ordnen

Sie Ihre Charts und die Fenster für die Ordereingabe, Live-Kurse und technische Indikatoren an. Zwar sind auch die Monitorpreise gefallen, aber Sie sollten trotzdem die Preise vergleichen, damit Sie günstig kaufen.

Als Nächstes brauchen Sie eine zuverlässige Internetverbindung. Noch vor Jahren kostete es mehrere Tausend Dollar, sich eine T1-Hochgeschwindigkeitsleitung ins Haus legen zu lassen, aber heutzutage kann man sich via DSL oder Kabelmodem mit seinem Broker verbinden, was fast genauso schnell und dabei viel billiger ist als eine T1-Leitung. Zum Glück der Verbraucher sind die Preise heute viel niedriger als vor ein paar Jahren und die Geschwindigkeiten werden immer höher, weil die Konkurrenz zwischen den Internetprovidern wächst.

Ihr Ziel ist es, von zu Hause aus unter allen Marktbedingungen effektiv zu traden – vor allem in schnellen, volatilen Marktlagen, also in dem Umfeld, nach dem die meisten Daytrader lechzen. Ob Sie DSL, Kabelmodem oder eine modernere Technik verwenden, ist eine persönliche Frage – Hauptsache die Verbindung ist zuverlässig und schnell. Nichts ist frustrierender, als im schnellen Marktgeschehen mit einer langsamen Verbindung kämpfen zu müssen. Oder noch schlimmer: Man will ja nicht, dass mitten in einem Trade die Verbindung unterbrochen wird und man aus der Leitung fliegt. Vielleicht müssen Sie mit verschiedenen Anordnungen experimentieren, bis Sie die endgültige Entscheidung treffen.

Manche Trader legen noch etwas drauf, um Newsletter, Nachrichtendienste oder maßgeschneiderte beziehungsweise vorgefertigte Scansoftware zu abonnieren, die ihnen bei der Entscheidung hilft, welche Aktien sie kaufen oder verkaufen sollen. Am Anfang dürfte jedoch Ihre Brokerfirma den meisten unmittelbaren Trading-Bedürfnissen genügen. Wenn Sie erfahrener werden, können Sie auch für zusätzliche Funktionen (Nachrichtendienste und Scansoftware) etwas bezahlen. Auch hier gilt: Fangen Sie langsam an und kaufen Sie nur, was Sie wirklich brauchen.

AUF EINEM NOTEBOOK TRADEN

Die meisten professionellen Trader benutzen Desktopcomputer und vielleicht in Notfällen oder im Urlaub auch einmal ein Notebook. Allerdings ist die neueste Notebook-Generation durchaus bemerkenswert. Der offensichtliche Vorteil von Notebooks ist die Freiheit, überall auf der Welt zu traden. Früher hatten die meisten Notebooks sehr kleine Bildschirme, aber auf den größten ist heutzutage genug Platz für Ihre Nachrichtendienste, für die Ordereingabe und für Charts. Mit wenigen Maus- oder Touchpad-Klicks können Sie darauf viele Daten ansehen. Profis, die von einem Notebook aus traden, schließen normalerweise zusätzlich einen 19- oder 21-Zoll-Monitor an, damit sie alle Informationen auf einmal sehen können. Man kann also durchaus auf dem Notebook traden, muss dann aber möglicherweise einen zweiten oder gar dritten hochauflösenden Monitor kaufen.

Die Brokerfirmen ermöglichen es ihren Kunden auch, unterwegs auf diversen mobilen Geräten zu traden, unter anderem auf Smartphones und Tablets. Ob man mit solchen Geräten auf Dauer Geld verdienen kann, ist zwar fraglich (womöglich müssen Sie sich mehr Charts und Infos anschauen, als sie anzeigen können), aber in dringenden Fällen sind sie ideal. In Zukunft werden zweifellos Geräte erfunden, mit denen das Trading unterwegs noch leichter wird.

WIE SIE IHREN COMPUTER SCHÜTZEN

Verwenden Sie einen hochwertigen Überspannungsschutz, um Ihre Ausrüstung zu schützen. Schon nach einem einzigen verirrten

Blitzschlag könnten Sie mit einem abgerauchten Computer dasitzen. Installieren Sie die neueste Antivirensoftware und – was genauso wichtig ist – Internetsicherheitssoftware. Es ist schon erstaunlich, wie viele Menschen finanzielle Transaktionen im Wert von Tausenden von Dollar auf ungesicherten Computern mit veralteter Antivirensoftware abwickeln.

Ständig greifen Hacker verwundbare Computer an und suchen nach möglichen Schwachstellen. Die meisten Brokerfirmen geben Millionen dafür aus, ihre Online-Computerkonten vor Angriffen zu schützen, aber Sie können Ihren heimischen Computer für viel weniger Geld ebenfalls schützen. Dazu gehört, den Computer mithilfe von Patches und Systemaktualisierungen auf dem neuesten Stand zu halten, vor allem wenn Sie ein Windows-Betriebssystem haben, denn diese sind für Viren anfälliger. Sorgen Sie dafür, dass Sie eine physische Firewall – wahrscheinlich in Ihren Router eingebaut – und eine Software-Firewall innerhalb des Betriebssystems haben.

Wenn Sie in Ihrem Haus ein drahtloses Netzwerk einrichten, wählen Sie von Anfang an ein sicheres Passwort, damit nicht Ihre Nachbarn oder Passanten huckepack Ihre Internetverbindung nutzen. Alle Passwörter sollten eine Kombination aus Buchstaben und Zahlen sein.

Wenn Sie Ihr Notebook außer Haus verwenden, hüten Sie sich davor, öffentliche Hotspots für den Aktienhandel zu benutzen. Möglicherweise können ausgefuchste Hacker manche Informationen sehen, die Sie von Ihrem Computer an einen Wireless-Zugangspunkt senden. Wenn Sie regelmäßig an abgelegenen Orten traden, können Sie sich eine Breitbandkarte von einem der großen Handy-Netzanbieter kaufen. Damit bekommen Sie die sicherste Verbindung. Anderenfalls gehen Sie so kurz wie möglich online.

Das Wichtigste ist: Verwenden Sie für Finanztransaktionen niemals öffentliche Computer oder Kioske. Damit können Sie nämlich

Ihre gesamten Kontoinformationen einschließlich Ihrer Passwörter gefährden. Viele öffentliche Computer sind mit einer Software ausgestattet, die Tastendrücke und somit Ihre sämtlichen Transaktionen einschließlich Ihrer Passwörter erfasst. Wenn Sie diese Grundregeln nicht beachten, kann es sein, dass Ihr Konto in Gefahr ist, wenn Sie ins Hotel oder nach Hause zurückkehren.

WELCHE TRADING-STRATEGIE IST DIE RICHTIGE?

Nachdem Sie nun eine bessere Vorstellung davon haben, wie man sich eine Brokerfirma aussucht und sein Home-Office einrichtet, werden Sie etwas mehr über Trading-Strategien erfahren. Es gibt keine Unisexstrategie in Einheitsgröße, die für alle Trader passt. Die Strategien hängen von Ihrer Persönlichkeit und von Ihrem Trading-Stil ab. Eine Strategie, die bei dem einen Trader gut funktioniert, kann bei einem anderen unsinnig sein.

Vielleicht möchten Sie neben dem Daytrading noch andere Trading-Strategien ausprobieren, die in der Vergangenheit gut funktioniert haben. Natürlich garantiert die frühere Performance keine künftigen Ergebnisse, doch trotzdem kann es Zeiten geben, in denen Sie das Daytrading zugunsten einer lukrativeren Methode aufgeben wollen. Hier nun drei der anerkanntesten Trading-Strategien.

SWING-TRADING

Im Unterschied zu Daytradern, die nur selten Positionen über Nacht halten oder behalten, versuchen *Swing-Trader*, innerhalb eines kurzen Zeitraums – üblicherweise zwei bis fünf Tage – Aktienerträge zu erzielen. Swing-Trader sind zwar nicht an einen konkreten Zeitrahmen gebunden, aber normalerweise kaufen sie am Anfang der Woche und halten übers Wochenende eine Cashposition.

Viele professionelle Trader setzen mehr als einen Trading-Stil ein. Deshalb stellen sie unter gewissen Marktbedingen womöglich von Daytrading auf Swing-Trading um. Das Swing-Trading kann insbesondere während kurzfristiger Markttrends die richtige Strategie sein.

POSITIONS-TRADING

Im Gegensatz zu Daytradern oder Swing-Tradern halten *Positions-Trader* ihre Positionen über längere Zeiträume, gewöhnlich über mehrere Wochen oder Monate, aber möglicherweise auch länger. Im Unterschied zu Buy-and-Hold-Anlegern halten Positions-Trader ihre Positionen nicht endlos, sondern verkaufen sie, um Gewinne mitzunehmen (oder Verluste zu begrenzen). In vielfacher Hinsicht ähnelt das Positions-Trading dem Swing-Trading, aber die Halteperiode ist länger.

SCALPING

Vor der Einführung des Dezimalsystems war Scalping der letzte Schrei. Dabei versuchten die Trader, innerhalb von Sekunden oder Minuten 0,25 Dollar oder mehr pro Aktie abzugreifen, wobei sie Tausende von Aktien tradeten und schnelle 200 bis 500 Dollar pro Trade verdienten.

Das war allerdings viel schwieriger, als es aussah. Damals wurden ein paar populäre, irreführende Bücher über Scalping geschrieben – dort klang das Scalping nach einer einfachen Strategie, die jedermann anwenden kann, obwohl sie in Wirklichkeit für die meisten Menschen sehr, sehr komplex ist. Vermutlich hat diese Praxis viele Menschen viel Geld gekostet.

Wahrscheinlich machen Sie als Daytrader gelegentlich einen Scalp – das heißt, Sie steigen in eine Aktie innerhalb von Sekunden oder Minuten ein oder wieder aus, um einen schnellen Profit mitzunehmen. Dahinter steht die Idee, viele Trades (fünf bis Hunderte) durchzuführen, dabei allerdings nur kleinere Gewinne anzustreben. Bedenken Sie jedoch, dass das eine stressige Tradingmethode ist, die aufgrund der Gebühren mit Verlusten enden kann.

BÖRSENGESCHICHTE

Vor dem Internet war die Beschaffung von aktuellen Kursen eine Tortur. Vor 100 Jahren wurden die Aktienkurse mit Kreide auf Tafeln geschrieben und dann per Telefon oder Läufer den Anlegern und Händlern übermittelt. Viele Menschen gingen in das Büro ihres Brokers, saßen da und schauten sich den ganzen Tag die Tafeln an, später dann das Ticker-Tape.

Die New York Stock Exchange (NYSE) mit Sitz in der Wall Street 11 in Lower Manhattan wurde 1792 unter einer Amerikanischen Platane gegründet. 24 New Yorker Händler oder Effektenmakler unterzeichneten das Buttonwood Agreement, in dem es hieß, dass sie nur untereinander handeln würden, und in dem eine feste Transaktionsgebühr festgelegt war, die man später als Kommission bezeichnete.

Im Jahr 1817 kostete eine Börsenmitgliedschaft saftige 25 Dollar, doch schon zehn Jahre später war der Preis auf 100 Dollar gestiegen (in den vergangenen Jahren kostete ein Sitz an der Börse drei bis vier Millionen Dollar).

Im Jahr 1906 stieg der Dow Jones Industrial Average (DJIA) erstmals in seiner Geschichte über 100. Zwischenzeitlich hatten Aufstiege und Niedergänge häufig Millionäre oder arme Schlucker hervorgebracht. Die Allgemeinheit interessierte sich meistenteils nicht für den Aktienmarkt, sie betrachtete ihn als Spiel für die Reichen.

Diese Einstellung änderte sich in den 1920er-Jahren. Damals begeisterte sich die Öffentlichkeit für den boomenden Aktienmarkt und investierte ihre Gehaltsschecks und ihre Ersparnisse an der Börse. Das schien ein leichter Weg für den „kleinen Mann" zu sein, reich zu werden – und viele wurden tatsächlich reich. Im Jahr 1929 überschritt der DJIA bei 381 Punkten einen Höhepunkt – dieses Jahr wird in der Börsengeschichte nie vergessen werden.

Am 29. Oktober 1929, dem Schwarzen Dienstag, stürzte der DJIA ab und fiel schließlich auf 198. Es kursierten Gerüchte, einst reiche Menschen, die alles verloren hatten, hätten Selbstmord begangen. Riesige Menschenmengen versammelten sich um die NYSE und gaben Leerverkäufern die Schuld an dem Crash.

Eine Gruppe von Bankiers, unter ihnen auch J.P. Morgan, begann mit eigenem Geld zu kaufen, was die Panik vorübergehend aufhielt. Tatsächlich begann der Markt sogar zu steigen, weil manche Menschen Aktien zusammenrafften, die nach Schnäppchen aussahen.

Zwar gab es in den ersten Jahren danach Anstiege und Korrekturen, aber 1931 erreichte der Markt ein Allzeittief von 41 Punkten, also 89 Prozent unter seinem Höhepunkt. Traurigerweise dauerte es mehr als 20 Jahre, bis sich der Aktienmarkt auf den Stand von vor dem Crash von 381 erholt hatte. Bis dahin hatte der Geschmack, den die Öffentlichkeit an der Börse gefunden hatte, wieder nachgelassen. Der Komiker Will Rogers (der vielleicht Mark Twain zitierte) fasste die Stimmung des Landes zusammen: „Mir macht weniger die Rendite meines Geldes Sorgen als seine Rückkehr."

ÜBER DIE NYSE

In den darauffolgenden Jahren richtete die NYSE zusätzliche Börsensäle ein und installierte modernste Technik. Sie gilt immer noch als eine der angesehensten Börsen der Welt – die Aktien der meisten großen US-Unternehmen werden dort gehandelt. Als der elektronische Handel immer üblicher wurde, schloss die NYSE ihren Hauptbörsensaal und weitere Räumlichkeiten, die nicht mehr benötigt wurden.

Die Specialists, die an der NYSE dafür verantwortlich sind, dass alle Transaktionen rechtzeitig und korrekt gemeldet werden, waren seit Börsengründung das Herz und die Seele der NYSE, doch in den vergangenen Jahren sind Macht und Einfluss der Specialists geschwunden, weil inzwischen die Mehrzahl der Orders von Computern bearbeitet wird.

Die Aktien- oder Tickersymbole der NYSE sind normalerweise Abkürzungen des notierten Unternehmens und umfassen höchstens drei Buchstaben. Das Tickersymbol von Coca-Cola ist zum Beispiel KO, das von General Electric GE und von Home Depot HD.

ÜBER DIE NASDAQ

Die Nasdaq wurde 1971 als erste elektronische Aktienbörse der Welt gegründet. Sie existiert nur in elektronischer Form, sie hat keinen Börsensaal und daher auch keine Menschen, die einander Orders zubrüllen. Als sie gegründet wurde, fragten sich die Menschen, ob eine vollelektronische Börse eine gute

Idee wäre, aber rückblickend war sie ihrer Zeit voraus. Das Handelsvolumen an der Nasdaq ist stetig gewachsen. Früher tendierten die Daytrader eher zur Nasdaq, weil sie neu war und viele ihrer Aktien volatil waren. Dort nennt man die Menschen, die als Mittler agieren, *Marketmaker*. Sie sind dafür zuständig, für beide Seiten der Aktie (Käuferseite und Verkäuferseite), die sie bearbeiten, Kurse zu liefern. Es kommt vor, dass einer Aktie 50 Marketmaker zugeteilt sind.

Vor ein paar Jahrzehnten war die Nasdaq die Heimstatt der meisten aufstrebenden Technologie-Unternehmen.

Neue Hightech-Unternehmen wie Microsoft und Apple waren hier willkommen, weil sie für die Zulassung am Big Board (der NYSE) zu klein waren.

An der Nasdaq sind die Aktiensymbole vier oder fünf Buchstaben lang. Zum Beispiel ist das Symbol für Intel INTC und das für Apple AAPL.

KAPITEL 2

CHARTS LESEN

Wenn Sie Daytrader sein wollen, brauchen Sie einen Satz leistungsfähiger Werkzeuge, mit deren Hilfe Sie bestimmen können, wann Sie in den Markt einsteigen und wieder aussteigen. Das gängigste Werkzeug dafür ist der Aktienchart.

Wenn Sie sich einen Aktienchart anschauen, blicken Sie auf die Geschichte: Sie sehen, wie die Aktienkurse im Laufe der Zeit gestiegen und gefallen sind. Der Chart kann Ihnen bei der Suche nach statistischen Hinweisen helfen, die Ihnen gegenüber anderen Tradern vielleicht einen Vorteil verschaffen. Wenn man einen Aktienchart benutzt, bedeutet das, dass man sich bei Trading-Entscheidungen nicht ausschließlich auf sein Gefühl verlässt.

Trader sagen, dass ein Bild mehr sagt als 1.000 Worte, und wenn Sie Charts analysieren, wird Ihnen das auffallen. Beim genauen Studieren von Charts können Sie erkennen, ob die Käufer oder die Verkäufer den Markt beherrschen, und das kann Ihnen helfen, Aktien zu finden, die in Bewegung sind – die Art von Aktien, die sich in profitable Trades verwandeln lässt.

Für Aktiencharts verwendet man eine universelle Sprache, die man als *Technische Analyse* bezeichnet. Bei dieser Methode beurteilt man Wertpapiere anhand ihrer Preisbewegungen und ihres Umsatzes. Diese Sprache kann nach einem gewissen Studium fast jeder verstehen. Mithilfe der Technischen Analyse können Sie hinsichtlich einer Aktie statistische Annahmen treffen, die Ihre Chancen auf einen erfolgreichen Trade erhöhen können.

Wenn man sich einen Aktienchart anschaut, achtet man vor allem auf den Preis und auf das Handelsvolumen. Eine alternative Methode der Aktienanalyse ist die *Fundamentalanalyse* – das ist die Analyse der zugrunde liegenden Daten, die sich auf das Unternehmen auswirken.

Fundamentalanalysten schauen sich beispielsweise die Gewinne, das Vermögen und die Verbindlichkeiten an, konkurrierende Unternehmen und das Tun der Unternehmensinsider. Manche Trader verwenden eine Kombination aus der Fundamentalanalyse und der Technischen Analyse: Sie benutzen die Fundamentalanalyse, um gute Unternehmen zu finden, und die Technische Analyse, um zu entscheiden, wann sie ein- oder aussteigen sollen.

Daytrader verwenden fast immer die Technische Analyse. Wenn man auf dem Bildschirm einen Chart aufstellt, kann man unter verschiedenen Zeitrahmen wählen – Minuten, Stunden, Tage oder Monate. Daytrader wählen stets sehr kurze Zeitrahmen: 5-Minuten-, 15-Minuten-, 30-Minuten- und 60-Minuten-Charts. Manchmal lassen sie sich einen Tageschart für längere Trades anzeigen, und vielleicht auch einen Wochenchart, um einen längerfristigen Trend zu erkennen.

CHART-GRUNDLAGEN

Wenn Sie sich für ein Brokerkonto angemeldet haben, können Sie sich am Bildschirm Charts anzeigen lassen, die ständig aktualisiert werden und viele Funktionen haben, die sich nach Bedarf einstellen lassen. Werfen wir einen Blick auf Begriffe, die Sie immer wieder lesen und hören werden, wenn Sie die Technische Analyse verwenden.

UNTERSTÜTZUNG UND WIDERSTAND

Unterstützung und *Widerstand* sind Schlüsselkonzepte der Technischen Analyse und es ist unerlässlich, dass Sie begreifen, wie sie funktionieren. Der Aktienpreis kann seine Auf-und-ab-Bewegungen im Chart plötzlich verlangsamen oder beschleunigen, wenn er ein Unterstützungs- oder Widerstandsniveau erreicht. Wenn Sie die Unterstützungs- und Widerstandsniveaus verstehen, wissen Sie besser, wann Sie in eine Position (eine Aktie oder ein anderes Wertpapier) einsteigen oder aussteigen sollten.

Eigentlich ist das Konzept von Unterstützung und Widerstand ganz einfach: Wenn eine Aktie eine Unterstützung berührt – die wie ein Boden ist –, kann das ein guter Kaufzeitpunkt sein (weil der Preis dann wahrscheinlich wieder steigt). Und wenn die Aktie gegen einen Widerstand stößt – der wie eine Decke ist –, dann könnte das ein guter Verkaufszeitpunkt sein (weil der Preis dann wahrscheinlich wieder fällt). Stellen Sie sich Unterstützungen und Widerstände eher als Handelszonen vor, nicht als exakte Preisniveaus.

Um es noch konkreter zu sagen: Eine Unterstützung ist ein Preis, an dem die Aktie schon einmal aufgehört hat zu fallen, und sich entweder seitwärts bewegt (das heißt, der Preis hat sich in einem horizontalen Muster bewegt) oder die Richtung gewechselt hat. Auf diesem

Niveau hat der Verkaufsdruck nachgelassen und die Nachfrage nach der Aktie war stark genug, um zu verhindern, dass die Aktie noch weiter abgesackt ist. Dann wird die Nachfrage größer als das Angebot und verhindert, dass der Preis fällt.

Ein Widerstand hingegen ist ein Preis, an dem der Verkaufsdruck ausreicht, um zu verhindern, dass eine Aktie weiter steigt. Dann ist das Angebot größer als die Nachfrage und der Kaufdruck hört auf. Dann gehen die meisten Verkäufer in den Markt und hindern die Aktie daran, weiter zu steigen.

Techniker analysieren Charts, um festzustellen, was mit einer Aktie passiert, wenn sie entscheidende Unterstützungs- oder Widerstandsniveaus erreicht. An einem Unterstützungs- oder Widerstandsniveau wendet eine Aktie häufig und prallt ab. Viele Daytrader unternehmen etwas, wenn eine Aktie ein Unterstützungs- oder

ABB. 2.1: UNTERSTÜTZUNG UND WIDERSTAND

Quelle: Stockcharts.com

Widerstandsniveau bricht. Wenn immer man sich einen Chart anschaut, möchte man diese Niveaus identifizieren. Entscheidend ist dabei, dass man herausfindet, wie die Aktie – oder der Markt – reagieren wird, wenn sie sich einer Unterstützung oder einem Widerstand nähert. Wird sie durchbrechen oder wenden? Um diese wichtige Frage zu beantworten, müssen Sie wahrscheinlich stundenlang Charts studieren. Man kann diese Fähigkeit nicht auf die Schnelle erlernen.

Wichtige Anmerkung: Wenn ein Widerstand gebrochen wurde, verwandelt sich dieses Niveau häufig in eine Unterstützung. Im Gegenzug wird eine gebrochene Unterstützung häufig zum neuen Widerstandsniveau. **Abbildung 2.1** ist ein Beispiel für Unterstützung und Widerstand (Pfeile).

VOLUMENREGELN

Neben dem Preis ist das *Volumen* schon immer einer der wichtigsten Indikatoren, die man beobachten sollte. Das Volumen ist die Anzahl der Aktien, die über einen gewissen Zeitraum gehandelt wird.

Das Volumen wird normalerweise unten im Chart angegeben. Techniker, die das Volumen untersuchen, beobachten eine unglaubliche Informationsmenge. Sie schauen zum Beispiel, ob eine Aktie oder ein Markt einen höheren oder niedrigeren Tagesumsatz hat als an den vorangegangenen Tagen. Und welchen Nutzen bringt das? Wenn man das Volumen mit dem Preis kombiniert, bekommt man äußerst wichtige Hinweise darauf, ob die Aktie (oder der Markt) weiter steigen beziehungsweise fallen oder die Richtung wechseln wird. Wie bei allem, was mit dem Aktienmarkt zu tun hat, müssen Sie sich für das Studium solcher Hinweise Zeit nehmen.

Im Grunde wird das Volumen von einem Computer errechnet, der sämtliche *Tick*-Daten (Preisbewegungen) sammelt und daraus

Umsatzbalken zeichnet. Wenn das Volumen zunimmt und das Momentum (die Dynamik) wächst, werden die Umsatzbalken höher. Wenn hingegen das Volumen und das Momentum abnehmen, werden die Volumenbalken kürzer.

Um einen bullishen Ausbruch zu bestätigen, wollen Techniker sehen, ob eine Aktie unter zunehmendem Volumen steigt und ob diese Bewegung mit breiter Kauftätigkeit einhergeht. Das ist für Bullen ein positives Zeichen. Wenn andererseits eine Aktie unter höherem Volumen fällt, könnte das den Beginn einer kurzfristigen Korrektur signalisieren. Das deutet darauf hin, dass sich neue Käufer scheuen, einzusteigen und zu kaufen.

Was lässt eine Aktie steigen oder fallen? Käufer drücken die Aktie nach oben und Verkäufer drücken sie nach unten. Ein Problem bei der Untersuchung des Volumens ist allerdings, dass man nicht weiß, wer für eine Volumenzunahme verantwortlich ist, Käufer oder Verkäufer. Deshalb ist es wichtig, das Volumen zu verwenden, um das, was man im Chart sieht, zu bestätigen – und nicht, um einen Trade ausschließlich aufgrund von Umsatzdaten durchzuführen.

Zudem hat die wachsende Beliebtheit des Hochfrequenz-Tradings einige Volumenstatistiken verschoben. Es kann beispielsweise den Anschein haben, dass eine Aktie Kaufinteresse auf sich zieht, dass dieses aber nur von Hochgeschwindigkeitscomputern stammt, die Pennys scalpen. Das ist so ähnlich wie ein Auto, bei dem man im Leerlauf den Motor aufheulen lässt: Es macht eine Menge Lärm, fährt aber keinen Meter. Wie gesagt, es ist wichtig, das Volumen in Verbindung mit dem Preis zu betrachten.

Anmerkung: Sie werden auch hören, dass Menschen von *Liquidität* sprechen. Dabei geht es darum, wie leicht es für Trader ist, zu einem bestimmten Preis in eine Aktie ein- oder aus ihr auszusteigen. Liquide Aktien werden schnell ausgeführt und man kann sie sofort kaufen oder verkaufen. Bei illiquiden Aktien ist es viel schwerer, sie zu einem günstigen Preis zu verkaufen. Sie haben wohl schon erraten, dass Daytrader liquide Aktien brauchen, damit sie schnell ein- und aussteigen können.

DEN TREND ERKENNEN

Der Sinn der Chartbetrachtung besteht darin, dass sie einem erkennen hilft, in welche Richtung sich die Aktie bewegen wird: nach oben, nach unten oder seitwärts. Charts helfen Tradern, den Trend zu erkennen. Wenn ein Trader den Trend identifiziert hat, entscheidet er, ob er ihm folgt, ob er auf einen Rücksetzer wartet (dass der Aktienkurs von seinem Gipfel aus fällt) oder einfach an der Seitenlinie abwartet. Mit einem kurzen Blick auf den Chart kann man feststellen, in welche Richtung sich die Aktie momentan bewegt. Natürlich besteht die Herausforderung darin, herauszufinden, wann der Trend enden könnte.

Werfen wir einen Blick auf die drei Typen von Trends: Aufwärtstrend, Abwärtstrend und Seitwärtstrend.

AN EINEM AUFWÄRTSTREND GELD VERDIENEN

Die beliebte Strategie nach dem Motto „Folge dem Trend" hat Tradern im Laufe der Jahre große Erfolge beschert. Vielleicht kennen Sie den Spruch „The trend is your friend". Nichts ist so schön, wie am Anfang eines Trends zu kaufen und bis zum Ende auf ihm zu reiten.

Wenn eine Aktie immer weiter klettert, befindet sie sich in einem Aufwärtstrend. Für viele Trader ist es die leichteste und profitabelste Strategie, einem Aufwärtstrend zu folgen. Manchmal gehen Aktien so schnell nach oben, dass sie über das aktuelle *Widerstandsniveau* „ausbrechen" und dramatisch steigen. Für einen Trader ist es sehr profitabel, wenn er eine Aktie besitzt, die ausbricht.

Genauer gesagt liegt ein Aufwärtstrend vor, wenn der Aktienkurs eine Reihe höherer Hochs und höherer Tiefs markiert – das sieht man im Chart. Wenn Sie sich etwa das Preismuster in einem Chart anschauen und das heutige Intraday-Hoch ist höher als das gestrige Intraday-Hoch, dann ist das ein höheres Hoch. Ein höheres Tief liegt vor, wenn das heutige Intraday-Tief höher als das gestrige Intraday-Tief ist. Mehrere höhere Hochs und höhere Tiefs bilden einen Aufwärtstrend. Leider spielen nicht alle Märkte mit. Zwar ist der Aufwärtstrend für fast alle Trader und Anleger die ideale Umgebung, aber viele Märkte sind volatil. Daytrader finden allerdings in allen Charts einen Aufwärtstrend, vom Minuten- bis zum Tageschart. Als Daytrader verwendet man vor allem den 60-Minuten-, den 15-Minuten- und den 5-Minuten-Chart, um in Trades ein- und wieder auszusteigen.

Abbildung 2.2 ist ein Beispiel für einen Aufwärtstrend.

ABB. 2.2: AUFWÄRTSTREND

Quelle: Stockcharts.com

EINEN ABWÄRTSTREND ÜBERLEBEN

Das Gegenteil eines Aufwärtstrends ist ein Abwärtstrend, also dass sich eine Aktie immer weiter nach unten bewegt. Manchmal sinken Aktien so tief, dass sie unter das aktuelle *Unterstützungsniveau* einbrechen und dramatisch weiter fallen. Wenn man long steht (also die Aktie gekauft hat, weil man geglaubt hat, der Preis würde steigen), ist ein Abwärtstrend eine Verlustsituation.

Ein Abwärtstrend liegt vor, wenn der Aktienkurs eine Reihe niedrigerer Hochs und niedrigerer Tiefs markiert. Das sieht man im Chart. Wenn man beispielsweise an dem Preismuster sieht, dass das heutige Intraday-Tief niedriger ist als das gestrige, dann ist das ein tieferes Tief. Ein tieferes Hoch liegt vor, wenn das heutige Intraday-Hoch niedriger ist als das gestrige. Mehrere tiefere Tiefs und tiefere Hochs bilden einen Abwärtstrend.

Lange, quälend langsame Abwärtstrends, die ich als „Tod der Tausend Schnitte“ bezeichne, können für Anleger und Trader sehr

ABB. 2.3: ABWÄRTSTREND

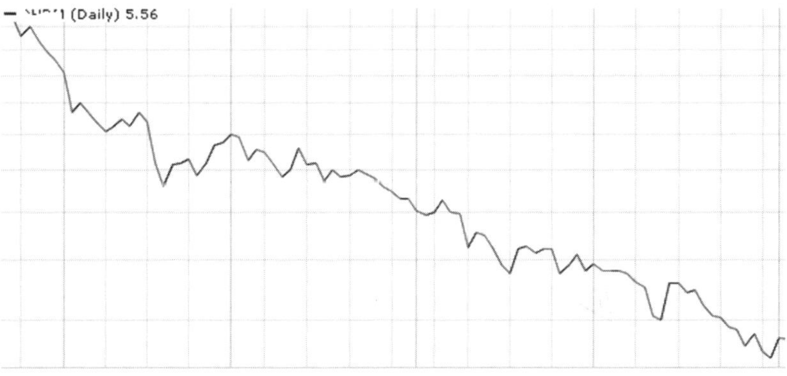

Quelle: Stockcharts.com

frustrierend sein. Es kann vorkommen, dass der Markt mitten in einem Abwärtstrend plötzlich ein schnelles, von Angst gespeistes Verkaufsfieber erlebt, das alle unvorbereitet trifft. Das hat zur Folge, dass der Aktienkurs abstürzt.

Abbildung 2.3 ist ein Beispiel für einen Abwärtstrend.

WIE MAN EINE SEITWÄRTSFORMATION MANAGT

Keine Aktie steigt ewig. Irgendwann ist die Aktie erschöpft, weil die Verkäufer die Käufer überholen. Ab diesem Punkt bewegt sich die Aktie seitwärts oder fällt sogar.

Dann sieht man möglicherweise ein *Muster*, das laut den Technischen Analysten einfach das auf einem Bildschirm angezeigte Verhalten ist. Mit etwas Erfahrung kann man Muster sofort erkennen und aus ihnen vielleicht Hinweise darauf herauslesen, was der Markt oder eine bestimmte Aktie tun könnten.

Ein Seitwärtsmuster kann für Trader sehr frustrierend sein, denn dann steigt und fällt die Aktie, ohne sich in eine bestimmte Richtung zu bewegen. Der Seitwärtstrend kann Tage oder Wochen dauern, aber wenn man einen Trend genau studiert, merkt man, dass es drei Arten von Seitwärtsformationen oder horizontalen Formationen gibt: *Trading-Range, Stau* und *Konsolidierung.*

Werfen wir zunächst einen genaueren Blick auf die drei Arten von Seitwärtsmustern:

Die Trading-Range

Für manche Menschen kann es frustrierend sein, wenn sich eine Aktie in einer Trading-Range oder Kursspanne bewegt. Eine Trading-Range ist die Differenz zwischen dem höchsten und dem niedrigsten Preis einer Aktie. Anders ausgedrückt bedeutet eine Trading-Range, dass sich eine Aktie zwischen Unterstützung und Widerstand in einem horizontalen Bereich auf und ab bewegt. Tatsächlich können langfristige Anleger offensichtlich keine Gewinne erzielen, wenn eine Aktie die Decke oder den Boden einer Range erreicht und dort wendet. Kurzfristig gesehen bewegt sich die Aktie zwar, aber sie bricht nicht aus der Range aus. Sie bewegt sich ständig zwischen Unterstützung und Widerstand hin und her. Wenn man diese Wendepunkte identifizieren kann, kann man als Daytrader ganz gut davon leben – doch niemand hat behauptet, dass das ein Kinderspiel ist. Zu kaufen, wenn eine Aktie absackt, und zu verkaufen, wenn sie sich wieder erholt, ist eine komplizierte Strategie, aber wenn es Ihnen ernst damit ist, Trader zu werden, müssen Sie diese Fähigkeit entwickeln. Das ist das Herz

ABB. 2.4: TRADING-RANGE

Quelle: Stockcharts.com

und die Seele des Daytradings. Außerdem braucht man viel Übung, wenn man anlässlich kleiner Absacker (Dips) kaufen und anlässlich von Rallyes verkaufen will, während eine Aktie im Intraday-Chart zwischen Unterstützung und Widerstand schwankt. Im Intraday-Chart ist die Trading-Range gewöhnlich viel enger als im Tages- oder Wochenchart.

Abbildung 2.4 ist ein Beispiel für eine Trading-Range.

Der Stau

Wenn sich eine Aktie in einer Trading-Range bewegt, kann man daran Geld verdienen, sofern man die richtigen Zeitpunkte abpasst. Aber wenn sich eine Aktie in einer Stauformation befindet, bewegt sie sich überhaupt nicht. Die Autorin und Traderin Toni Turner vergleicht das scherzhaft mit einer verstopften Nase.

Bei einem Stau schwankt die Aktie in einem schmalen, unberechenbaren Muster, das das Traden äußerst schwierig macht. Außerdem ist ihr Volumen gering, während sie sich in diesem Muster befindet. Turner gibt dafür folgenden Ratschlag: „Wenn Sie einen Aktienstau bemerken, halten Sie sich raus. Man küsst keine erkälteten Freunde und man handelt keine Aktien in einem Staumuster, wenn man nicht möchte, dass das Trading-Konto krank wird."

Die meisten Trader meiden Aktien, die sich in einer Stauformation befinden, auch wenn die Aktie in unserem Beispiel plötzlich aus der Trading-Range ausgebrochen und gestiegen ist.

Sehen Sie sich dazu die **Abbildung 2.5** an.

Die Konsolidierung

Das dritte Seitwärtsmuster ist die Konsolidierung, die im Chart oft als stark gestauchte, schwankende Linie erscheint (schauen Sie sich das Beispiel in Abbildung 2.6 an). Die Konsolidierung spiegelt

ABB. 2.5: STAU

Quelle: Stockcharts.com

den Kampf zwischen Käufern und Verkäufern wider, und wenn diese Aktienformation schließlich vorbei ist, kann sich der Kurs heftig in eine der beiden Richtungen – aufwärts oder abwärts – bewegen.

Aus diesem Grund traden viele Menschen gern aus diesem Muster heraus. Wenn man bestimmen kann, in welche Richtung die Aktie gehen wird, ist dieses Muster profitabel. Die Herausforderung besteht allerdings darin, eine korrekte Vorhersage zu treffen (hoffentlich gehört es zu Ihren Zielen, ein Muster in einen profitablen Trade zu verwandeln).

Anmerkung: Es ist zwar schwierig, vorherzusehen, ob eine Aktie nach oben oder unten aus einer Konsolidierungsformation ausbrechen wird, aber häufig gibt es dafür Anhaltspunkte. Achten Sie beispielsweise auf Volumenzunahmen, die andeuten, dass die Aktie eine plötzliche Bewegung vollziehen könnte. Außerdem stehen in einem Aufwärtstrend die Chancen besser, dass sich die Aktie aus diesem Muster heraus nach oben bewegt. In einem Abwärtstrend könnte die Aktie

ABB. 2.6: KONSOLIDIERUNG

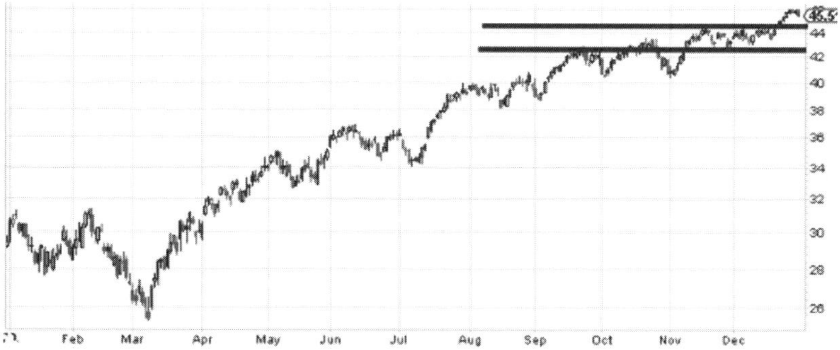

Quelle: Stockcharts.com

hingegen plötzlich fallen. Je länger sich die Aktie in der Konsolidierungsformation bewegt, desto explosiver wird das Potenzial, wenn sie dann über Widerstandsniveaus oder unter Unterstützungsniveaus ausbricht.

Abbildung 2.6 ist ein Beispiel für eine Konsolidierung.

UNTERSCHIEDLICHE ZEITRAHMEN

Wie bereits erwähnt, verwenden Daytrader kurzfristige Perioden wie 5-Minuten-, 15-Minuten-, 30-Minuten- und 60-Minuten-Charts sowie für die längerfristige Sicht einen Tageschart. Man kann auch Wochen- oder Monatscharts nehmen, um sich ein noch umfassenderes Bild zu machen. Viele Daytrader sehen sich Tages- oder Wochencharts des Dow Jones Industrial Average, des S&P 500 Index oder des Nasdaq Composite an, damit sie den langfristigen Trend erkennen. Das ist ein Realitätscheck, anhand dessen sie den primären Trend ausmachen können. Viele Trader wollen nicht long gehen, wenn der Trend im Tageschart abwärts gerichtet ist.

Welchen Zeitrahmen Sie beim Daytrading verwenden, ist eine persönliche Entscheidung. Experimentieren Sie, bis Sie Ihren Lieblingszeitrahmen gefunden haben. Toni Turner mag beispielsweise den 8-Minuten-Chart, während andere Trader oft 5- oder 10-Minuten-Charts einsetzen. Sie sagt dazu: „Anstelle der 5-Minuten-Charts, die die meisten Trader benutzen, nehme ich beim Daytrading gern 8-Minuten-Charts. Ich gehe gern weg von den Fünfern, weil die meisten anderen Trader 5-, 10-, oder 15-Minuten-Charts nehmen. Ich benutze auch 13-Minuten-Charts. Ich benutze Tagescharts, um den primären Trend, Unterstützungen, Widerstände und Einstiegspreise anzupeilen. Dann schraube ich mich auf meine Intraday-Charts herunter, um Einstiege auszuführen."

Egal, welchen Zeitrahmen Sie wählen – 10 Minuten, 60 Minuten oder einen Tag –, betrachten Sie die Aktie immer über mehrere Tage. Wenn Sie sich einen 10-Minuten-Chart anschauen, dann über einen Zeitraum von zwei bis drei Tagen. Sie sollten sehen, ob die Aktie über das Hoch vom Vortag klettert oder ob sie im Vergleich zu gestern schwach tendiert. Ein Monat ist wahrscheinlich ein zu langer Zeitraum, wenn Sie daytraden, ein paar Tage sind eher empfehlenswert.

CHARTTYPEN

Nachdem Sie nun Grundkenntnisse des Chart-Wortschatzes haben, werfen wir einen genaueren Blick auf die drei beliebtesten Charttypen. Wenn Sie einen Chart erstellen, entscheiden Sie sich, welchen Typ Sie anzeigen lassen wollen: Linie, Balken oder Kerzen. Alle haben ihre Vor- und Nachteile, und die werden wir besprechen.

AUGENFREUNDLICH: LINIENCHARTS

Früher haben viele Trader in der westlichen Welt zweidimensionale Liniencharts benutzt, um den Aktienmarkt visuell darzustellen. Ein Linienchart bildet einfach die Schlusskurse einer Aktie über einen bestimmten Zeitraum ab. Dann werden die Preispunkte durch eine Linie miteinander verbunden. Diese Charts sind am leichtesten zu verwenden und sie sind optisch ansprechend, vor allem im Fernsehen, in PowerPoint-Präsentationen oder in Büchern. Langfristige Anleger und Trader benutzen zwar manchmal Liniencharts, um sich ein Gesamtbild vom Markt zu verschaffen, aber dieser Charttyp liefert nicht viele Detailinformationen. **Abbildung 2.3** auf Seite 59 ist ein gutes Beispiel dafür.

Bilanz: Normalerweise brauchen Daytrader mehr Informationen, als ein Linienchart liefern kann.

MEHR EINZELHEITEN: BALKENCHARTS

Ein Balkenchart – oder Bar-Chart – liefert mehr Einzelheiten über den Markt: den Eröffnungs- und Schlusskurs, Hoch und Tief der betreffenden Periode. Ein Balkenchart enthält im unteren Bereich des Diagramms eine Skala mit einem Preisbereich für fast alle Zeitrahmen. Der „Balken" stellt den Preisbereich der Aktie im betrachteten Zeitrahmen dar.

Beispielsweise gibt im Tageschart das obere Ende des Balkens Auskunft über den höchsten Preis, zu dem die Aktie an jenem Tag verkauft wurde, während das untere Ende den niedrigsten Preis des Tages darstellt. Außerdem gehören zu jedem Balken zwei kurze waagerechte Linien, die nach rechts beziehungsweise links ragen. Die linke Linie stellt den Eröffnungspreis des Handelstages (im Tageschart) dar, die rechte Linie zeigt den Schlusskurs. Versierte Trader können aus einem Balkenchart in Kombination mit dem Volumen Hinweise darauf herauslesen, wer den Markt beherrscht – die Käufer oder die Verkäufer.

Bilanz: Balkencharts sind nützlicher als Liniencharts, aber wahrscheinlich will man als Daytrader den nächsten Charttyp verwenden: den Kerzen- oder Candlestick-Chart. Mit seiner Hilfe kann man wirklich die Psyche des Marktes lesen.

SEHEN, WER DIE KONTROLLE HAT: CANDLESTICK-CHARTS

Weil Daytrader mehr Informationen benötigen, als ihnen Linien- oder Balkencharts liefern, sind die Kerzencharts so beliebt. Sie zeigen den Bereich zwischen Eröffnungs- und Schlusskurs der Aktie im betreffenden Zeitraum.

Erfahrene Trader sehen mit einem Blick auf die Kerze, ob die Bullen oder die Bären am Ruder sind und ob eine Wende möglich ist. Wenn man Candlesticks in Verbindung mit traditionellen *technischen Indikatoren* (im Chart dargestellte Formeln, anhand derer man die künftigen Preisbewegungen einer Aktie oder eines anderen Wertpapiers bestimmt) verwendet, können sie eine mächtige Informationsquelle sein. Außerdem sind Kerzencharts mit etwas Erfahrung relativ leicht zu interpretieren. Toni Turner drückt das so aus: „Kerzencharts sind die Luxusversion von Balkencharts. Das ist, als würde man von einem Schwarz-Weiß-Fernseher auf lebensechte Farben umsteigen."

Abbildung 2.7 ist ein Tages-Kerzenchart des S&P 500.

Bilanz: Es ist zu empfehlen, Kerzencharts zu verwenden, weil sie eine enorme Menge an Informationen und visuellen Hinweisen bieten.

ABB. 2.7: KERZENCHART ÜBER EINEN MONAT

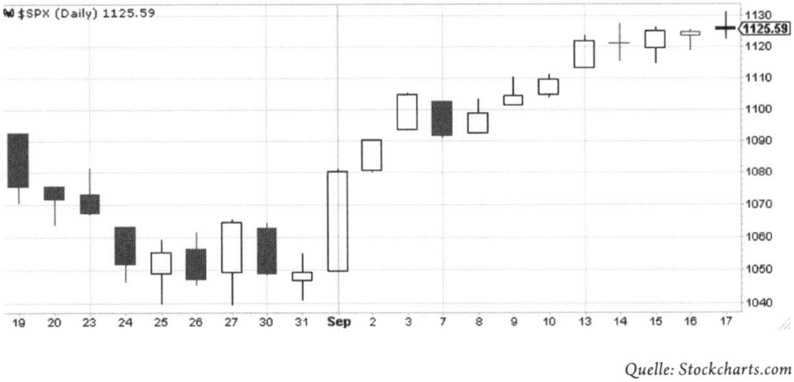

Quelle: Stockcharts.com

DIE GESCHICHTE DER KERZENCHARTS

Tatsächlich sind Kerzencharts die älteste Form der Technischen Analyse. Erfunden wurden sie im 18. Jahrhundert von einem wohlhabenden japanischen Reishändler namens Munehisa Homma. Steve Nison, Präsident von Candlecharts.com und Autor des Bestsellers "Technische Analyse mit Candlesticks", hat die Kerzencharts als Erster im Westen eingeführt.

„Die Japaner sagen, jede Candlestick-Linie erzählt eine Geschichte“, so Nison. „Die Kerze enthält die gleiche Information wie der Balken, aber sie ist anders konstruiert. Wenn man Candlesticks benutzt, kann man sehen, wer die Kontrolle über den Markt hat, sobald sich die Kerze gebildet hat.“

Der Körper

Die Kerze hat zwei Hauptbestandteile, den *Körper* und die *Schatten*. Der Körper ist der rechteckige Teil der Kerze und zeigt den Bereich zwischen dem Eröffnungs- und dem Schlusskurs der Aktie an. Ein kurzer Blick auf den Körper gibt einem Hinweise darauf, ob die Bullen oder die Bären den Markt beherrschen.

Wenn man sich die Farbe des Körpers anschaut, bekommt man wichtige Informationen. Ist der Körper weiß (oder farblos), heißt das einfach, dass der Schlusskurs höher als der Eröffnungskurs war, was ein bullishes Zeichen ist. Je größer und länger der weiße Körper ist, umso bullisher ist er. Während einer Rallye möchte man eine Serie langer weißer Kerzen sehen, und das vorzugsweise bei zunehmendem Volumen.

Im Gegensatz dazu bedeutet ein schwarzer (oder gefüllter) Körper, dass der Schlusskurs niedriger war als der Eröffnungskurs. Je größer und länger der schwarze Körper ist, umso bearisher ist er. Eine Serie schwarzer Kerzen kann anzeigen, dass jetzt die Bären am Ruder sind.

„Wir werden unruhig, wenn der Körper immer kleiner wird, denn das bedeutet, dass sich Angebot und Nachfrage einander annähern“, erläutert Nison.

Anders gesagt spiegeln lange weiße Kerzen starken Kaufdruck und lange schwarze Kerzen starken Verkaufsdruck wider. Kurze Kerzen zeigen, dass sich die Preise konsolidieren, sich also nicht zu sehr in die eine oder andere Richtung bewegen.

Der Schatten

Die *Schatten* einer Kerze sind die dünnen Linien, die oben und/oder unten aus der Kerze ragen. Sie stellen das Hoch oder Tief des Tages (im Tageschart) dar. Der Schatten über dem Körper heißt oberer Schatten oder Docht und der untere heißt unterer Schatten, Lunte oder unterer Docht. Zum Beispiel zeigt ein langer Docht an, dass das Tageshoch deutlich über dem Eröffnungs- und Schlusskurs lag. Im Gegenzug bedeutet eine lange Lunte, dass das Tagestief deutlich unter dem Eröffnungs- und Schlusskurs lag. Dies liefert Tradern Anhaltspunkte dafür, ob die Käufer oder die Verkäufer den Markt beherrschen. Somit deutet eine Kerze mit langem Docht und kurzer Lunte an, dass die Käufer die Kontrolle haben, denn der Preis ist gestiegen. Im Gegenzug deuten Kerzen mit langen Lunten und kurzen Dochten an, dass die Verkäufer die Kontrolle haben und deshalb die Preise gefallen sind.

ERÖFFNUNGS- UND SCHLUSSKURS

Wenn man mehr Erfahrungen sammelt, wird einem klar, dass die wichtigsten Zeiten des Tages Handelsbeginn und Handelsschluss sind. Die Trader sind häufig sehr emotional, wenn sie ihre Orders zur Eröffnung platzieren. Die letzte Handelsstunde ist ebenfalls volatil, weil dann viele Trader ihre Positionen schließen.

Noch einmal im Überblick: Das eine Ende der Kerze stellt den Schlusskurs dar, das andere den Eröffnungskurs. Ist der Kerzenkörper leer oder weiß, liegt der Schlusskurs über dem Eröffnungskurs, ist er aber schwarz, liegt der Schlusskurs unter dem Eröffnungskurs. Man erhält also auf einen Blick detaillierte Informationen über das betreffende Wertpapier.

WIE MAN TRENDLINIEN ZEICHNET

Haben Sie jemals das Spiel „Verbinde die Punkte" gespielt? Genau so geht man vor, wenn man Trendlinien zeichnet – nur dass man anstelle von Punkten oder Zahlen Hochs und Tiefs in einem Chart miteinander verbindet, um einen Trend zu überprüfen. Trendlinien helfen einem, Unterstützungen und Widerstände zu erkennen. Und die können einem bei der Entscheidung helfen, wann man in eine Aktie einsteigen oder aus ihr aussteigen sollte.

Um Trendlinien einzuzeichnen, kann man die Software seines Brokers benutzen oder aber – wenn man es auf die altmodische Art machen will – einfach ein Lineal nehmen und die Hochs beziehungsweise Tiefs miteinander verbinden.

Wenn man zwei Trendlinien zeichnet, von denen die eine die Hochs und die andere die Tiefs miteinander verbindet, erstellt man das, was Analysten als *Kanal* (oder *Hüllkurve*) bezeichnen. Ein Trendkanal kann einem helfen, wenn man Preisziele (eine Preisprojektion) bestimmen will, die auf den Konzepten Unterstützung und Widerstand beruhen.

Wenn man Trendlinien in einen Chart einzeichnet, kann man sehen, wann eine Aktie oder ein Index höhere Hochs und höhere Tiefs (Aufwärtstrend) beziehungsweise tiefere Tiefs und tiefere Hochs (Abwärtstrend) markieren. In beiden Fällen verstärkt ein Volumenzuwachs den Trend. Wenn Sie sich die Volumenbalken anschauen, können Sie sehen, ob das Volumen die Aufwärts- oder Abwärtsbewegung stützt.

Abbildung 2.2 auf Seite 58 zeigt eine Trendlinie im Aufwärtstrend. Beachten Sie, dass die Trendlinie, die als Unterstützung fungiert (wie ein stützender Boden), die drei Tiefpunkte 1, 2 und 3 miteinander verbindet.

KAPITEL 3

CHARTFORMATIONEN INTERPRETIEREN

Auf der Suche nach zu kaufenden oder zu verkaufenden Aktien könnten Sie sich Chartformationen anschauen, wenn Sie allerdings Trading-Neuling sind, dürften solche Muster eines der letzten Werkzeuge sein, mit denen Sie sich befassen müssen. Um sie richtig zu interpretieren, braucht man nämlich Übung. Manche Trading-Neulinge tätigen ein paar Trades anhand von Formationen und wenn diese fehlschlagen, geben sie es auf. Deshalb sollte man einen Trade nie ausschließlich aufgrund einer Chartformation tätigen. Verwenden Sie stattdessen technische Indikatoren, um das, was Sie zu sehen glauben, nachzuprüfen.

Manche Trader erkennen sofort Muster, während andere hinschauen, ohne dass ihnen etwas auffällt. Wenn Sie gut in der Mustererkennung sind, wollen Sie bestimmt die Dutzenden von Formationen erkunden, die man aus Charts herauslesen kann. Im Anhang A habe ich eine Liste weiterführender Quellen für den Fall angegeben, dass Sie mehr darüber wissen wollen.

Wenn Muster eher nicht Ihre starke Seite sind, merken Sie sich nur die wichtigsten (also die, die in diesem Kapitel vorkommen). Zum Glück ist es so, dass Sie die Formationen immer besser erkennen können, je mehr Charts Sie studieren. Wenn Sie Ihre Trading-Erfahrungen in einem Trading-Journal aufzeichnen (was ich nachdrücklich empfehle), vermerken Sie auf jeden Fall, welche Formationen bei Ihnen funktionieren und welche nicht.

Werfen wir zunächst einen Blick auf die wichtigsten Formationen, die für Daytrader am nützlichsten sind. Viele dieser Chartmuster werden in sehr kurzen Zeitrahmen eingesetzt, zum Beispiel im 5-Minuten-, 30-Minuten- oder 60-Minuten-Chart.

DIE GRUNDLEGENDEN CHARTFORMATIONEN

Diese Chartmuster sind die beliebtesten von Daytradern verwendeten. Wie bereits erwähnt, kann es schwierig sein, anhand von Mustern zu traden, und deshalb sollte das bei Anfängern nicht die höchste Priorität haben. Trotzdem ist es nützlich, die einfachsten Chartformationen für den Fall zu lernen, dass man sie in einem Chart sieht.

DOPPELTER BODEN/DOUBLE BOTTOM (BULLISH)

Eine gängige bullishe Umkehrformation ist der doppelte Boden, der aussieht wie ein W. Der Aktie ist es nach einem längeren Abwärtstrend nach zwei Versuchen nicht gelungen, eine Unterstützung zu brechen, und danach steigt sie. Wenn dieses Muster komplett vorliegt, wechselt der Trend von bearish auf bullish.

Es besteht allerdings immer die Möglichkeit, dass die Aktie konsolidiert oder stagniert, bevor sie den Widerstand durchbricht und sich aufwärts bewegt.

Achten Sie darauf, ob beim linken Boden kurz vor dem ersten Ausbruch das Volumen zunimmt. Diese Formation ist zwar leicht zu erkennen, aber ein doppelter Boden liefert nicht immer ein zuverlässiges Signal – verifizieren Sie ihn daher auf jeden Fall anhand anderer technischer Indikatoren, bevor Sie aufgrund dieses Musters einen Trade eingehen.

Abbildung 3.1 zeigt, wie eine Doppelbodenformation aussieht.

ABB. 3.1: DOPPELTER BODEN

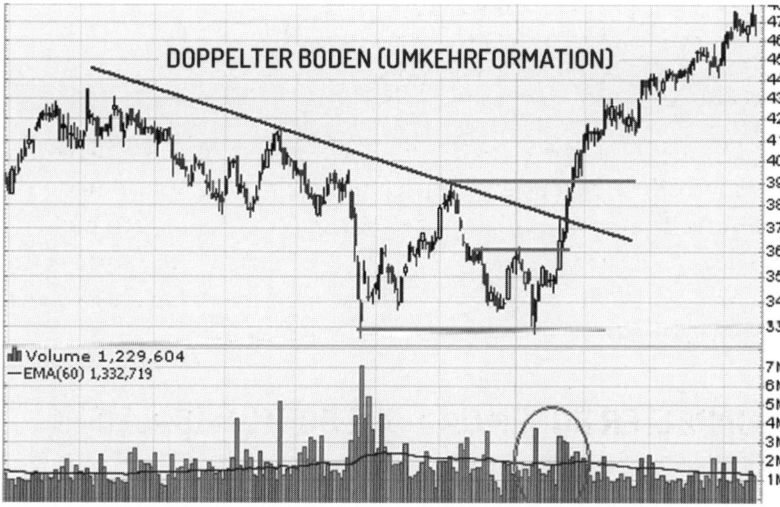

Quelle: Stockcharts.com

DOPPEL-TOP/DOPPELSPITZE/ DOUBLE TOP (BEARISH)

Das Double Top, das aussieht wie ein M, ist eine wichtige bearishe Umkehrformation mit zwei Spitzen auf dem gleichen Preisniveau. Nach einem Aufwärtstrend ist es der Aktie nach zwei Versuchen nicht gelungen, den Widerstand zu durchstoßen. Wenn dieses Muster komplett vorliegt, wechselt der Trend von bullish auf bearish.

Es besteht aber immer die Möglichkeit, dass die Aktie seitwärts läuft, bevor sie durch die Unterstützung bricht und viel tiefer fällt.

ABB. 3.2: DOPPEL-TOP

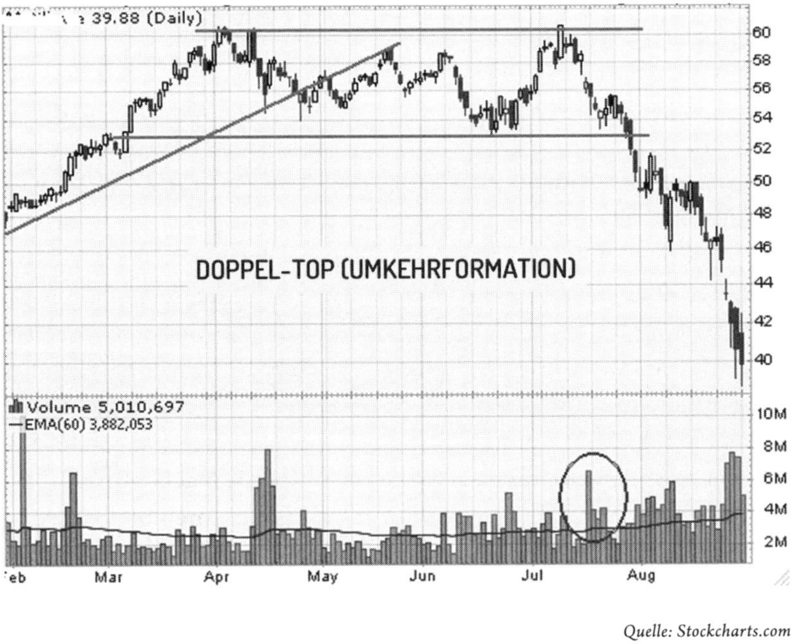

Quelle: Stockcharts.com

Achten Sie auf eine Volumenzunahme um das linke Hoch, bevor die Aktie nach unten tendiert. Eines der berühmtesten Doppel-Tops war das des Nasdaq Composites im Jahr 2000, und jeder, der dieses Signal beachtete, hat wahrscheinlich sein Portfolio gerettet.

Ebenso wie der Doppelboden ist das Doppel-Top zwar leicht zu erkennen, liefert aber nicht immer ein zuverlässiges Signal. Wie immer sollte man es anhand technischer Indikatoren verifizieren, bevor man aufgrund dieser Formation einen Trade tätigt.

Abbildung 3.2 zeigt, wie eine Doppel-Top-Formation aussieht.

SCHULTER-KOPF-SCHULTER-FORMATION/ HEAD AND SHOULDERS (BEARISH)

Die Umkehrformation Schulter-Kopf-Schulter tritt in Charts häufig auf. Sie zeigt an, dass die Kauftätigkeit auf dem Höhepunkt des Trends aufgehört hat und dass dieser möglicherweise die Richtung wechselt. Wenn Sie sich den Chart in **Abbildung 3.3** anschauen, sehen Sie, dass der Aktienkurs wirklich aussieht wie ein Kopf mit zwei Schultern.

Die Aktie steigt und setzt dann zurück, sodass sich die linke Schulter bildet. Dann steigt sie noch weiter und bildet den Kopf, fällt wieder zurück, wobei sie es allerdings nicht schafft, die Unterstützung zu brechen – so bildet sich die Nackenlinie. Und schließlich steigt die Aktie erneut und bildet die rechte Schulter, wobei sie den Widerstand nicht durchbricht. An diesem Punkt sagt uns die Formation, dass die Aktie zum Sturz verurteilt ist, sobald sie unter die Nackenlinie fällt.

Zusätzlich zum Preis sollte man auch das Volumen beobachten. Der Kopf bildet sich im Allgemeinen unter geringerem Volumen, was darauf hindeutet, dass der Kaufdruck nicht so hoch ist wie bei der ersten Aufwärtsbewegung in Form der linken Schulter. Damit aus dem

Muster etwas wird, sollte das Volumen im Verlauf der rechten Schulter abnehmen. Beim letzten Anlauf in Form der rechten Schulter sollte das Volumen noch niedriger sein als beim Kopf und darauf hindeuten, dass das Käufervolumen verschwunden ist.

Eine umgekehrte Schulter-Kopf-Schulter-Formation ist bullish und das exakte Gegenteil der Schulter-Kopf-Schulter-Formation.

Abbildung 3.3 zeigt, wie eine Schulter-Kopf-Schulter-Formation aussieht (die Punkte 1 und 2 sind die Tiefpunkte).

ABB. 3.3: SCHULTER-KOPF-SCHULTER-FORMATION

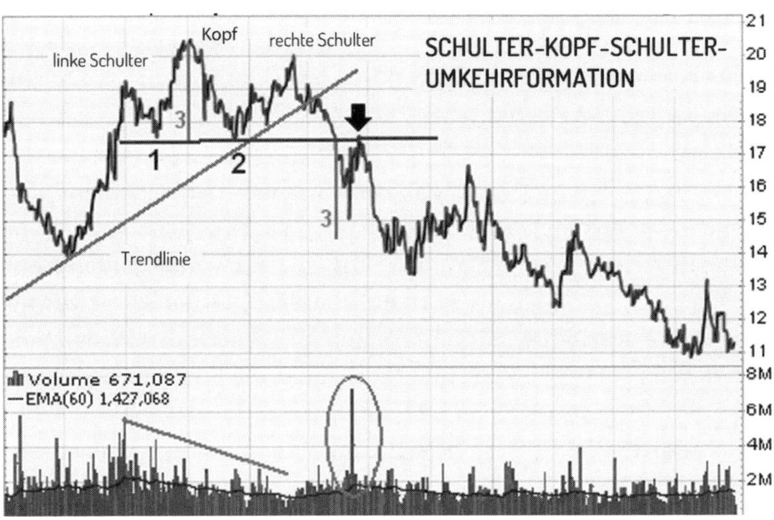

Quelle: Stockcharts.com

KURSLÜCKEN/GAPS

Ein Gap entsteht, wenn eine Aktie zu einem anderen Kurs eröffnet als zu dem, auf dem sie am Vortag geschlossen hat. Wenn beispielsweise Microsoft am Mittwoch bei 23,80 Dollar geschlossen hat und den Handel am Donnerstag mit 24,55 Dollar eröffnet, entsteht im Chart eine Kurslücke von 0,75 Dollar. Gaps äußern sich im Chart als leerer Raum, in dem kein Handel stattgefunden hat, und sie resultieren aus einem Ungleichgewicht zwischen Kauf- und Verkaufsorders.

Gaps werden durch aktuelle Meldungen oder durch Ergebnisberichte verursacht, oder weil auf einem bestimmten Preisniveau kein Handel stattfindet. Wenn das geschieht, macht der Kurs einen plötzlichen Sprung, der den starken Kauf- oder Verkaufsdruck widerspiegelt.

Zwar treten Gaps am häufigsten im Tageschart auf, aber man sieht sie auch im Intraday-Handel. Intraday-Gaps treten fast immer bei dünn gehandelten Aktien auf. Bei einer normalen Aktie mit ordentlichem Handelsvolumen kommen Intraday-Gaps nicht so oft vor (Ausnahme: wenn um die Mittagszeit eine aktuelle Nachricht bekannt wird). Die meisten Gaps entstehen vorbörslich oder nachbörslich.

Sie werden Trader manchmal davon sprechen hören, dass ein „Gap gefüllt wird". Das heißt ganz einfach, dass der Preis zum letzten Preis vor dem Gap zurückläuft, wodurch sich die Lücke schließt. Im obigen Beispiel würde Microsoft das Gap füllen, wenn es auf 23,80 Dollar zurücklaufen würde.

Es gibt vier Typen von Gaps:

GEWÖHNLICHE GAPS/COMMON-GAPS

Solche ereignislosen Gaps treten relativ häufig auf, vielleicht aufgrund eines Order-Ungleichgewichts. Dabei ist das Volumen meist relativ gering und das Gap wird recht schnell wieder gefüllt oder geschlossen. Gewöhnliche Gaps treten oft dann auf, wenn sich eine Aktie seitwärts bewegt. Meistens liefert ein gewöhnliches Gap keine Trading-Gelegenheit, vor allem nicht, wenn das Volumen gering ist. Die meisten Techniker raten, nicht auf gewöhnliche Gaps zu traden.

Abbildung 3.4 zeigt, wie ein gewöhnliches Gap aussieht.

ABB. 3.4: GEWÖHNLICHES GAP

Quelle: Stockcharts.com

AUSBRUCH-GAPS/BREAKAWAY-GAPS

Ein Breakaway-Gap kann höchst profitabel und aufregend sein, wenn man die Aktie besitzt, bevor es sich öffnet. Die Aktie bildet plötzlich ein Aufwärts-Gap, vielleicht unter überdurchschnittlichem Volumen. Das kann der Beginn einer beträchtlichen Aufwärtsbewegung sein, jedenfalls hoffen das die Bullen.

Es kommt vor, dass die Aktie unter hohem Volumen in die gleiche Richtung wie das Gap steigt. Zwar dürfte das Gap irgendwann gefüllt werden, aber das passiert wohl nicht sofort, und deshalb mögen Trader Breakaway-Gaps so gern. Tatsächlich kann es lange dauern, bis eine Kurslücke gefüllt wird.

Manche professionellen Trader kaufen Breakaway-Gaps gern gleich zur Handelseröffnung (was für Neulinge nicht zu empfehlen ist, weil der Aktienkurs zur Eröffnung manchmal schnell wieder fällt). Wenn man ein Breakaway-Gap ausnutzt, will man seinen Gewinn wahrscheinlich *nicht* sofort mitnehmen, vor allem wenn man die Aktie über Nacht hält. Warum? Weil das der Beginn eines neuen Aufwärtstrends sein könnte. Deshalb geht man vielleicht davon aus, dass man zum Ende des Tages einen Gewinn mitnehmen kann, sodass man sich womöglich von einem Daytrader in einen Swing-Trader verwandelt. Wie schon erwähnt: Niemand hat behauptet, Traden sei leicht!

Abbildung 3.5 zeigt, wie ein Breakaway-Gap aussieht.

ABB. 3.5: BREAKAWAY-GAP

Quelle: Stockcharts.com

RUNAWAY- ODER CONTINUATION-GAP (MEASURING-GAP)

Ähnlich wie das Breakaway-Gap öffnet sich das Runaway-Gap plötzlich, bei höherem Volumen und gesteigerter Begeisterung der Käufer. Manchmal kommt es zu einem abrupten Rücksetzer, bevor die Aktie ausbricht und weiter steigt. Es ist, als würde die Aktie eine Ruhepause einlegen, bevor sie wieder in den vorigen Trend einschwenkt. Vielleicht fragen Sie sich jetzt, was der Unterschied zwischen einem Breakaway-Gap und einem Runaway-Gap ist. Laut den Technikern tritt das Runaway-Gap im Laufe eines Trends auf, während das Breakaway-Gap einen neuen Trend startet. Machen Sie sich keine Sorgen, wenn es Ihnen schwerfällt, die diversen Gaps zu unterscheiden.

ABB. 3.6: RUNAWAY-GAP

Quelle: Stockcharts.com

Man braucht definitiv Erfahrung, um mit ihnen erfolgreich zu traden. Wenn Sie viel mehr Erfahrung haben, werden Sie irgendwann die Nuancen der Ausnutzung von Gaps lernen, und vielleicht auch, wann man profitable Gelegenheiten aufspüren kann. Einfach? Nein. Möglich? Ja.

Abbildung 3.6 ist ein Beispiel für ein Runaway-Gap.

EXHAUSTION-GAPS

Irgendwann gehen alle guten Gaps zu Ende. Nachdem die Aktie immer weiter gestiegen ist, öffnet sie auf einmal unter überdurchschnittlichem Volumen ein Gap nach oben. Und dann, im späteren Verlauf des Trends, nach der großen Preisbewegung, ist die Aktie

ABB. 3.7: EXHAUSTION-GAP

Quelle: Stockcharts.com

erschöpft und die Nachfrage geht zurück. Dann kann eine Korrektur bevorstehen. Die Aktie wird gebremst, weil der Kurs stockt. Da auf Exhaustion-Gaps häufig eine baldige Wende folgt, geben kundige Trader sofort Verkaufsorders auf, wenn sie bemerken, dass das Gap endet, denn dann könnten sie dank der Aktie einen saftigen Gewinn einstreichen. Überdies kann das Volumen zunehmen, weil die bisherigen Käufer die Erschöpfung bemerken und ihre Aktien abstoßen. Hoffentlich sind Sie schon aus der Aktie ausgestiegen, bevor sie wendet, denn dann kann man das Gefühl haben, es wäre zu spät für den Ausstieg.

Abbildung 3.7 ist ein Beispiel für ein Exhaustion-Gap.

CHARTFORMATIONEN FÜR ERFAHRENE TRADER

Nachdem Sie nun in die grundlegendsten Formationen eingeführt wurden, wird es Zeit, eine Schippe draufzulegen. Die nun folgenden Formationen sind zwar gar nicht so schwer zu erkennen, aber um sie in einen profitablen Trade zu verwandeln, braucht man Geschick und Erfahrung. Es kann zwar nützlich sein, zu lernen, wie man diese Muster erkennt, aber machen Sie sich keine Sorgen, wenn Sie manche von ihnen nicht „sehen“ können. Zeichnen Sie einfach Trendlinien ein, um sie besser sichtbar zu machen. Bei den meisten Chartprogrammen gibt es diese Möglichkeit.

DREIECKE

Ein gängiges Muster ist ein Dreieck, das Bestandteil einer *Fortsetzungsformation* ist. Um es in Ihr Gedächtnis zurückzuholen: Ein Fortsetzungsmuster bedeutet einfach, dass die Aktie in die gleiche

Richtung weiterläuft. Sie mag zwischenzeitlich eine Pause einlegen (*konsolidieren*), aber der Aktientrend bleibt intakt. Ein Fortsetzungsmuster kann bullish oder bearish sein, aber der Trend wird dadurch nicht unterbrochen.

Es gibt drei Haupttypen von Dreiecken: *aufsteigend, absteigend* und *symmetrisch*. Mit ein bisschen Übung werden Sie bald überall Dreiecke sehen!

AUFSTEIGENDE DREIECKE

In einem aufsteigenden Dreieck markiert der Aktienkurs höhere Tiefs, aber die Hochs bleiben gleich, was darauf hindeutet, dass in diesem Bereich starker Widerstand herrscht. Und trotzdem sind die

ABB. 3.8: AUFSTEIGENDES DREIECK (BULLISH)

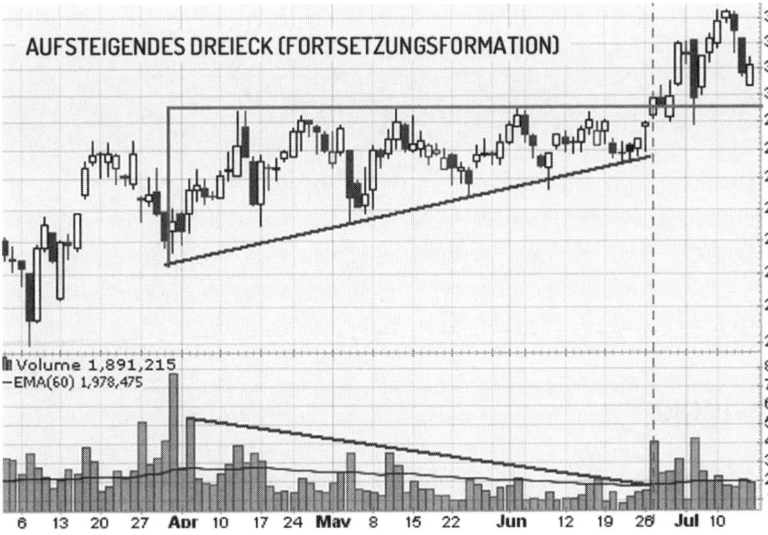

Quelle: Stockcharts.com

Bullen jedes Mal, wenn der Preis vom Widerstandsbereich aus abrutscht und sich davon entfernt, früher bereit, einzusteigen und zu kaufen – dadurch erzeugen sie das aufsteigende Dreieck. Wenn die beiden Linien zusammenlaufen, wird ein Ausbruch unvermeidlich. Wenn das Dreieck seine Spitze ausbildet, fungiert die untere Linie als Unterstützung und die obere als Widerstand.

Abbildung 3.8 ist ein Beispiel für ein bullishes aufsteigendes Dreieck.

ABSTEIGENDE DREIECKE

Das absteigende Dreieck bietet das umgekehrte Bild eines aufsteigenden Dreiecks. Ein absteigendes Dreieck vollzieht einen Rückgang auf ein neues Tief. Jedes Mal, wenn sich die Aktie zu erholen versucht,

ABB. 3.9: ABSTEIGENDES DREIECK (BEARISH)

Quelle: Stockcharts.com

sind die Bären ein bisschen früher bereit, einzuschreiten und zu versuchen, die Aktie zu verkaufen – dadurch erzeugen sie die absteigende Dreiecksformation. Dort, wo sich die beiden Linien treffen, kommt es möglicherweise zu einem Ausbruch nach unten. Und wieder fungiert an der Spitze des Dreiecks die untere Linie als Unterstützung und die obere als Widerstand.

Abbildung 3.9 ist ein Beispiel für ein bearishes absteigendes Dreieck.

SYMMETRISCHE DREIECKE

Kleine symmetrische Dreiecke nennt man auch *Flaggen* oder *Wimpel*. Viele Trader behaupten, Flaggen (und Wimpel) würden zu den zuverlässigsten Signalen gehören (leider hat die Technische Analyse keine hundertprozentige Trefferquote, aber manche Muster sind zuverlässiger als andere).

Fortsetzungsformationen wie Flaggen und Wimpel erlauben einer Aktie eine Ruhepause in Form einer zeitweiligen Seitwärtsbewegung, nach der sie den Trend nach oben oder unten fortsetzt. „Diese Pause erfrischt sie", sagen manche Trader scherzhaft.

Wimpel

Denken Sie daran, dass ein *Wimpel* einem kleinen Dreieck ähnelt, dass aber die Trendlinien während der Bildung des Musters zusammenlaufen. Im Idealfall erfolgt nach dieser Formation eine kräftige Bewegung nach oben oder unten und die Linien laufen zusammen, sodass der Wimpel entsteht.

Flaggen

Flaggen sind kurzfristige Fortsetzungsformationen, die eine kurze Pause (Konsolidierung) nach einer schnellen Bewegung widerspiegeln, bevor der Kurs wieder durchstartet. Man sollte während der Bildung dieser Formation nachsehen, ob das Volumen zunimmt. Die Flagge ähnelt zwar einem Wimpel, aber ihre Trendlinien sind nahezu parallel. Wenn man dieses Muster in einem Chart sieht, sieht es wirklich aus wie eine Flagge (oft hat sie sogar an einer Seite einen Mast).

Abbildung 3.10 ist ein Beispiel für eine Bullenflagge.

ABB. 3.10: BULLENFLAGGE

Quelle: Stockcharts.com

Anmerkung: Eine Bärenflagge sieht im Gegensatz dazu aus wie eine umgekehrte Flagge an einem Mast.

CANDLESTICK-MUSTER

Viele Trader schauen sich Candlestick-Formationen auf Anhaltspunkte für den Kauf- oder Verkaufszeitpunkt an. *Candlesticks* werden oft verwendet, um Hinweise auf die Marktpsychologie oder Trendänderungen zu bekommen.

Hier ein paar der beliebtesten Kerzenchart-Formationen:

DOJI

Der *Doji* ist ein gängiges Kerzenmuster, das durch kurze, dünne Linien und gleichen Eröffnungs- und Schlusskurs gekennzeichnet ist. Das Kreuz, das sich dadurch bildet, heißt Doji und wird häufig als unentschiedene Situation zwischen Bären und Bullen interpretiert. Wenn Sie sehen, dass eine Aktie ein Doji-Hoch bildet, das durch andere Indikatoren bestätigt wird, könnten Sie darüber nachdenken, Geld vom Tisch zu nehmen. Der Doji ist definitiv ein Warnsignal.

Dazu gibt es noch Varianten des Doji, zum Beispiel den Gravestone Doji (Eröffnung und Schluss erfolgen zum Tagestief, was einen bedeutenden Wendepunkt der Trendrichtung signalisiert) und den Long-Legged Doji (Eröffnungs- und Schlusskurs sind fast gleich, was Unentschlossenheit signalisiert).

DARK CLOUD COVER

Der *Dark Cloud Cover* ist eine weitere gängige Kerzenformation, die als sehr zuverlässig gilt. Sie lässt sich sehr gut verwenden, um Markthochs zu identifizieren. Dieses Muster, das aussieht wie ein bewölkter Tag, zeigt häufig an, dass die Käufer aufgeben und die Verkäufer aggressiver werden.

HAMMER

Der Hammer ist eine bullishe Umkehrformation und hat einen kurzen Körper, der das obere Ende der Trading-Range des Tages bildet. Wenn Sie ihn zum ersten Mal sehen, sieht er wirklich aus wie ein Hammer!

Häufig bildet sich ein Hammer am Ende eines Kursanstiegs und wird in diesem Fall zum *Hanging Man*. Wenn sich der Hammer am Ende eines Kursrückgangs bildet, nennt man ihn *Bottoming Tail Hammer.*

WIE MAN CANDLESTICK-FORMATIONEN VERWENDET

Steve Nison, der Präsident von Candlecharts.com und ein Candlestick-Experte ist, hat seine Erkenntnisse über den Gebrauch und Missbrauch von Candlestick-Charts mitgeteilt. Eines der laut Nison häufigsten Kerzenmuster ist das *Bearish Engulfing Pattern*, „wenn sich der schwarze Körper um den weißen Körper wickelt. Hier ist die Wahrscheinlichkeit einer Wende größer als beim Dark Cloud Cover."

Noch zuverlässiger ist es jedoch seiner Aussage nach, wenn eine Candlestick-Formation eine traditionelle westliche Formation bestätigt. „Man kann Candlesticks zur Bestätigung der Formation benutzen und hat dann eine größere Wahrscheinlichkeit, dass der Trade funktioniert", so Nison. „Man könnte beispielsweise den Dark Cloud Cover für die Bestätigung eines Widerstands benutzen, was dann ein stärkeres Signal ergibt als der Dark Cloud Cover an sich."

Entscheidend ist, zu verstehen, dass Kerzencharts die Psychologie des Marktes widerspiegeln. Deshalb empfiehlt Nison, sich auf diejenigen Muster zu konzentrieren, die einem am meisten einleuchten.

„Man findet in einem Chart eine Menge Doji-Formationen, aber da sie so häufig sind, ist ihre Bedeutung im Intraday-Chart nicht so groß."

Ein Vorteil des Candlestick-Charts besteht laut Nison darin, „dass er die Kraft der aktuellen Bewegung zeigt. Wenn man beispielsweise einen Hammer am Boden eines kürzlich erfolgten Abwärtstrends hat, zeigt diese Kerze, dass weniger von diesem Abwärtstrend an Momentum verliert."

Für Daytrader ist seiner Meinung nach wichtig, dass sie die einzelnen Kerzenlinien auf Signale prüfen. „Wenn man eine Reihe von Hämmern hat und im gleichen Unterstützungsbereich eine Reihe niedrigerer Schatten, zeigt einem das, dass entweder Nachfrage aufkommt oder das Angebot versiegt."

Es gibt zwar Dutzende verlässlicher Candlestick-Signale, aber Nison verwendet eine Scansoftware, die sich nur auf die 20 Formationen konzentriert, die ihm am sinnvollsten erscheinen. Er rät, dass man eine noch kürzere Liste verwenden soll, wenn man noch dabei ist, die Candlesticks zu erlernen.

MISSBRÄUCHE VON CANDLESTICKS

Es überrascht nicht, dass viele Trader Candlesticks falsch verwenden. Nison stellt fest: „Viele Menschen sehen einen Doji und meinen, es müsste eine Wende geben. Ein Doji im Aufwärtstrend bedeutet, dass ein aufwärts tendierender Markt neutral geworden ist. Er bedeutet nicht, dass er von aufwärts auf abwärts gewechselt hat. Er erhöht zwar die Wahrscheinlichkeit einer Wende, aber das ist nicht hundertprozentig." Wenn man zum informierten Trader werden will, liegt der Schlüssel seiner Meinung nach darin, eine Candlestick-Ausbildung zu machen. Ein weiteres Beispiel für den Missbrauch von Candlesticks ist das Hammer-Signal. „Es kann sein, dass ein Hammer-Signal vorliegt, dass man aber nicht kaufen sollte. Es kann aber auch ein Hammer-Signal vorkommen, das vielleicht eine großartige Kaufgelegenheit darstellt. Wir sprechen hier vom Kontext der Kerze. Betrachten Sie die Kerze durch das Prisma des aktuellen Marktgeschehens." Er kombiniert beispielsweise technische Konzepte wie Unterstützung und Widerstand oder die allgemeine Marktrichtung mit Candlestick-Signalen.

„Befindet sich der Hammer in einem längerfristigen Aufwärtstrend, wie immer man den auch definiert, und der Hammer bestätigt ein Unterstützungsniveau und der Trade weist ein gutes Chance-Risiko-Verhältnis auf, dann würde ich aggressiver kaufen als bei einem Hammer, der sich in einem längerfristigen Abwärtstrend befindet."

Andere Missbräuche von Candlesticks sind unter anderem die Verwendung ohne technische Indikatoren oder dass man vor der Platzierung eines Trades nicht auf das Moneymanagement achtet. Insbesondere, so Nison, ist es unerlässlich, dass man Stop-Loss-Orders verwendet.

„Wenn ich Candlestick-Signale verwende, platziere ich meine Stopps beispielsweise unter dem Tief des Hammers. Ich warte zwar lieber bis Handelsschluss, aber wenn man intraday tradet und den Schlusskurs nicht abwarten kann, muss man eben Intraday-Stops platzieren."

Manchmal wäre es für Daytrader zu spät, wenn sie bis Handelsschluss warten würden, und deshalb müssen sie Intraday-Stops setzen. Nison erläutert: „Ich verwende die Kerze, um das Niveau zu setzen, auf dem ich ausgestoppt werde, zum Beispiel auf dem Hoch des Shooting Stars, auf dem Hoch des Dojis, auf dem Tief des Hammers oder auf dem Tief des Bullish Engulfing Patterns." Laut Nison ist es sehr wichtig, zuerst festzustellen, ob der Trade ein vernünftiges Risiko-Ertrags-Verhältnis aufweist: „Es kann sein, dass man ein tolles Kerzensignal hat, aber wenn das Risiko-Ertrags-Verhältnis nicht gut ist, zählt die Kerze nicht." Er sagt warnend, eines der größten Probleme bei Candlesticks bestehe darin, dass die Menschen ein Muster erkennen und daraufhin sofort kaufen. „Selbst wenn ein Candlestick-Signal vorliegt, sollte man es anhand westlicher technischer Indikatoren überprüfen", erläutert Nison. „Die Menschen machen den Fehler, sich ausschließlich auf die Candlesticks zu verlassen. Man sollte sie aber nicht isoliert betrachten."

Tatsächlich besteht eine der Begrenzungen der Candlesticks darin, dass sie keine Kursziele liefern. „Candlesticks sind geeignet, um Hochs und Tiefs anzuzeigen, und sie helfen einem, zu erkennen, wann man aussteigen sollte", so Nison. „Aber um Kursziele zu bekommen, braucht man die westliche Technische Analyse. Deshalb konzentrieren sich unsere Schulungen auf das Beste aus der Welt der Candlesticks und das Beste aus der Welt der westlichen Indikatoren."

EIN RATSCHLAG FÜR TRADER

Nison rät Daytradern, auch dann ein Auge auf die Tagescharts zu haben, wenn man nicht nach ihnen tradet. „Wenn im Tageschart Unterstützungen und Widerstände vorliegen, sind die meistens bedeutsamer als Unterstützungen und Widerstände in einem Intraday-Chart, denn die meisten Menschen schauen sich Tagescharts an. Ich würde daher beim Daytrading einen Tageschart im Hinterkopf haben, damit ich sehe, ob ich Candlesticks finde, die die Unterstützungs- und Widerstandsniveaus bestätigen."

Wenn beispielsweise im Tageschart die Unterstützung bei 20 Dollar liegt, und man sieht einen bullishen Hammer oder ein Bullish Engulfing Pattern, dann ist das laut Nison aussagekräftiger als das Bullish Engulfing Pattern, das die Unterstützung eines Intraday-Charts bestätigt. Der Grund? Der Tageschart hat einen längeren Zeitrahmen, der mehr Aussagekraft besitzt. Auf der anderen Seite hat der Blick auf einen Intraday-Chart laut Nison den Vorteil, dass man dort manchmal frühzeitig ein Umkehrsignal bekommt. „Nehmen wir an, in einem Intraday-Chart ist in den ersten zwei Handelsstunden ein Bullish Engulfing Pattern zu sehen. Dann kann es sein, dass sich der Markt bis zum Ende des Tages schon nach oben bewegt hat, und das heißt, dass es schon zu spät ist, wenn man im Tageschart ein Kerzensignal bekommt."

Er erläutert, dass für ein Kerzensignal im Tageschart der Handelstag abgeschlossen sein muss, während im 30-Minuten-Chart schon der Abschluss eines 30-Minuten-Zeitraums reicht. „Schauen Sie selbst dann in Intraday-Charts nach frühzeitigen Wendesignalen, wenn Sie Swing-Trading betreiben", empfiehlt Nison.

Und dann hat Nison noch einen abschließenden Rat für Trader parat: „Ich habe schon gesehen, dass Trader viel Geld verloren haben, weil sie die falschen Informationen über Candlesticks hatten. Wenn Sie die Candlesticks wirklich korrekt einsetzen wollen, ist es lebenswichtig und unerlässlich, dass Sie die richtigen Informationen bekommen."

DIE WIDERSPRÜCHLICHE GESCHICHTE VON LEVEL II

Level II ist ein Datendienst der Nasdaq, den die meisten Brokerfirmen kostenlos oder gebührenpflichtig anbieten und der die Kursstellungen von Marketmakern an der Nasdaq anzeigt. Wenn man in Level II das Symbol einer Nasdaq-Aktie eingibt, erscheint eine Liste der Marktteilnehmer, sortiert nach den besten Geld- und Briefkursen (der Geldkurs ist der höchste Preis, den ein Käufer für eine Aktie zu zahlen bereit ist, und der Briefkurs ist der niedrigste Preis, den ein Verkäufer für die Aktie akzeptiert).

Vor einigen Jahren war Level II unter Tradern äußerst beliebt. Es ermöglichte den Marktakteuren einen Insiderblick auf die Absichten der Marketmaker, anders gesagt in die sogenannte Markttiefe. Insbesondere Daytrader interessierten sich für Level II, weil sie daraus Erkenntnisse über das Marktgeschehen gewannen, die ihnen einen Vorteil verschafften.
Es wurden ganze Bücher darüber geschrieben, wie man Level II verwendet, um durch Scalping Geld zu verdienen.
Trader untersuchten Level II genau nach Hinweisen und versuchten, zu erkennen, wer die „Axt" war – also welcher Marketmaker alle Orders für eine bestimmte Aktie kontrollierte. Es gab eine Strategie, bei der man die Trades der Axt nachahmte, weil sie normalerweise auf der richtigen Seite des Trades stand.
Aber die Spielregeln haben sich geändert, und zwar zuerst durch die Umstellung von Brüchen auf das Dezimalsystem. Später wurde es Marketmakern, die über Level II Preise stellten, erlaubt, die tatsächliche Menge zu verbergen, sodass von einer Order über 10.000 Aktien nur 100 angezeigt wurden. Ein anderer Trick bestand darin, eine imaginäre Verkaufsorder über 50.000 Aktien zu platzieren, um andere Marktteilnehmer vor der Platzierung von Kauforders abzuschrecken.
Level II ist zwar nicht mehr so populär wie früher, aber viele Trader finden es immer noch wertvoll, um die günstigsten Preise zu finden. Andere verwenden es, um Unterstützungen und Widerstände zu finden. Wenn sich beispielsweise um ein bestimmtes Preisniveau die Farben ballen, kann man es als Unterstützung oder Widerstand verwenden. Dieser Stau vermittelt Tradern eine Vorstellung davon, wo sie ihre Stopps platzieren sollten.

Wenn Sie neugierig auf Level II sind, fragen Sie Ihren Broker nach einem Zugang. Manche bieten ihn kostenlos an, andere verlangen eine geringe Monatsgebühr.
Es gibt zwar Befürworter und Gegner der Level-II-Kurse, aber für viele Trader sind die Informationen, die man dort unter „Time and Sales" findet – eine weitere Zusatzfunktion von Level II – sehr nützlich. Time and Sales zeigt die tatsächlichen Verkäufe (oder *Prints*) an, die stattfinden. Außer dem Preis zeigt es die Größe der Order und den Zeitpunkt an, zu dem der Trade tatsächlich stattgefunden hat.

ABB. 3.11: TIME AND SALES NUR ZU ILLUSTRATIONSZWECKEN

Time & Sales: MSFT - Last Trade as of 9/7/2010 4:00:08pm

MSFT Go Trade Hide Quote

Real-Time | Historical

MSFT MICROSOFT CORPORATION

Last 23.96 ↑ -0.33 Bid 23.96 Size 9 Ask 24.09 Size 50

Time	Last Price	Last Size	Last Exch	Bid Price	Bid Size	Bid Exch	Ask Price	Ask Size	Ask Exch	Trade Cond
19:59:17	23.98	300	Q	23.98	223	Q	24.00	26	Q	T
19:43:34	23.98	200	Q	23.98	228	Q	24.00	26	Q	
19:17:32	24.00	800	Q	23.98	228	Q	24.00	34	Q	
18:41:55	23.98	200	Q	23.97	17	Q	24.00	34	Q	
18:30:01	23.98	420	Q	23.97	17	Q	23.99	4	Q	
18:17:19	24.00	2000	Q	23.96	9	P	24.00	50	Q	
18:11:12	23.96	8900	DF	23.98	15	Q	24.01	2	Q	T
18:11:07	23.96	27034	DF	23.98	15	Q	24.01	2	Q	T
18:03:41	24.01	2822	Q	23.99	8	P	24.01	2	Q	T
18:03:41	24.01	900	Q	23.99	8	P	24.01	40	Q	T
18:03:37	24.00	100	P	24.00	6	P	24.01	40	Q	T
18:03:37	24.00	100	Q	23.99	8	P	24.00	1	Q	
17:56:01	23.99	100	AL	23.97	7	Q	24.00	2	Q	T
17:53:57	23.99	250	Q	23.97	7	Q	24.01	40	Q	
17:51:34	24.00	300	P	23.99	7	Q	24.00	3	P	
17:50:24	23.98	100	Q	23.98	1	Q	24.00	3	P	T
17:47:15	23.99	100	P	23.98	1	Q	23.99	1	P	
17:47:15	23.99	100	Q	23.98	1	Q	23.99	1	P	
17:37:05	23.96	100	P	23.96	9	P	23.99	10	P	T
17:37:05	23.96	600	P	23.96	9	P	23.99	10	P	T
17:37:04	23.96	300	P	23.96	9	P	23.99	10	P	T
17:37:02	23.96	700	P	23.96	13	P	23.99	10	P	T
17:37:02	23.96	900	P	23.96	13	P	23.99	10	P	T
17:37:02	23.96	400	P	23.96	13	P	23.99	10	P	T
17:37:00	23.96	500	P	23.96	18	P	23.99	10	P	
17:36:59	23.96	1100	P	23.96	18	P	23.99	10	P	T
17:36:59	23.96	900	P	23.96	18	P	23.99	10	P	T
17:36:54	23.96	100	P	23.96	38	P	24.00	3	P	
17:36:54	23.96	777	P	23.96	38	P	24.00	3	P	

Quelle: Fidelity Investments.

Im Gegensatz zu Level II, wo Orders oft verborgen werden, zeigt Time and Sales die Orders an, die an einer Börse ausgeführt wurden. Diese stellen *den größten Teil* der Orders dar. (Wieso nicht alle? Es wird berichtet, dass anonyme Großorders manchmal „außerhalb" der Geschäftsbücher arrangiert werden.)

Nichtsdestotrotz sagt Time and Sales den Tradern, was am Markt wirklich passiert. Wenn Sie beispielsweise sehen, dass eine Aktie steigt, und Time and Sales bestätigt, dass die Zahl der großen Käufer zunimmt, ist das ein Hinweis darauf, dass größere Akteure im Spiel sind.

Bedenken Sie jedoch, dass zwar manche Trader in Time and Sales nach Anhaltspunkten suchen, dass das aber nur ein weiteres Werkzeug ist, um die Stärke des Marktes festzustellen, das keine definitive Antwort liefert. Auch wenn es für andere nützlich ist, können nur Sie selbst entscheiden, ob es sich auch für Sie lohnt.

Abbildung 3.11 ist eine Bildschirmanzeige von Time and Sales.

KAPITEL 4

TECHNISCHE INDIKATOREN VERWENDEN

Wenn Sie mehr über das Daytrading lernen, werden Sie sich zunehmend auf eine Reihe von Werkzeugen namens „technische Indikatoren“ verlassen – das sind die krummen Linien, die in einem, über einem oder unter einem Aktienchart angezeigt werden. Sie messen auf verschiedene Arten die kurzfristige Preisaktivität einer Aktie, damit man die künftigen Preisbewegungen besser vorhersagen kann. Normalerweise sucht man sich die Indikatoren aus einem Klappmenü neben dem Chart aus. Man verwendet sie, um die Chancen auf einen erfolgreichen Trade zu erhöhen. Viele Daytrader benutzen bei ihren Trading-Entscheidungen technische Indikatoren. Man kann Indikatoren beispielsweise so verwenden, dass sie einem helfen, zu erkennen, wann der Markt oder ein bestimmtes Wertpapier *überkauft* oder *überverkauft* ist. Wenn zu viel Kauftätigkeit (überkauft) oder Verkaufstätigkeit (überverkauft) vorliegt, ist das ein Hinweis darauf, dass es zu einer

Wende kommen könnte. Wieso? Wenn eine Aktie (oder ein Index) zu sehr und zu schnell gestiegen ist, findet häufig ein Rücksetzer statt. Die Erkennung überkaufter und überverkaufter Bedingungen ist aber nur eine Einsatzmöglichkeit von technischen Indikatoren. Manche Trader verwenden technische Indikatoren für den Versuch, die Richtung einer Aktie oder eines Index vorherzusagen oder vorwegzunehmen. Indikatoren sind zwar hilfreich, aber begehen Sie nicht den üblichen Fehler, sie die Kauf- und Verkaufsentscheidungen für Sie treffen zu lassen. Indikatoren liefern wertvolle Informationen über die Marktbedingungen, aber letztlich treffen Sie die Trading-Entscheidung. Wenn Sie eine Diagnose stellen wollen, müssen Sie alle Puzzleteile zusammensetzen. Es gibt zwar Hunderte von technischen Indikatoren, aber viele sind so langsam, dass sie für Trader nicht brauchbar sind. Deshalb konzentriere ich mich auf eine Reihe von Indikatoren, die bei vielen Tradern beliebt sind. Am Ende finden Sie eine Handvoll Indikatoren, die Ihnen einleuchten und für Ihre Trading-Methode sinnvoll erscheinen. Wenn Sie noch nie Indikatoren benutzt haben, mag Ihnen dieses Kapitel zunächst etwas überwältigend erscheinen. Aber nachdem Sie ein paarmal Indikatoren benutzt haben, werden Sie merken, dass man sie leicht in einen Chart einbauen (aber nicht immer so leicht interpretieren) kann. Wenn Sie noch mehr über technische Indikatoren wissen wollen, können Sie mein Buch „All About Market Indicators" zur Hand nehmen. Es ist für Trading-Anfänger geschrieben.

WIE SIE INDIKATOREN FINDEN, DIE BEI IHNEN FUNKTIONIEREN

Ich werde Ihnen zwar gleich eine Menge Indikatoren vorstellen, aber Sie sollten höchstens vier oder fünf im gleichen Chart darstellen.

Manche Trader benutzen derart viele Indikatoren, dass sie von einem Leiden namens „Indikatoritis" befallen werden – so hat das einmal ein Finanzblogger ausgedrückt.

Den magischen Indikator, der einem alle Antworten liefert, gibt es leider nicht. Indikatoren geleiten einen lediglich in die richtige Richtung und bieten Anhaltspunkte dafür, was möglicherweise passiert. Manchmal widersprechen Indikatoren einander, sodass man einen Bezugspunkt setzen und feststellen muss, welcher die richtige Botschaft aussendet. Es kann zum Beispiel vorkommen, dass der eine Indikator ein Kaufsignal gibt und ein anderer ein Verkaufssignal. Häufig funktionieren bestimmte Indikatoren in der einen Marktumgebung gut, in einer anderen aber nicht. Gleitende Durchschnitte (GD = Gleitender Durchschnitt oder MA = Moving Average) funktionieren zum Beispiel gut, wenn ein Trend vorliegt, aber in wechselhaften Marktlagen sind sie weniger effektiv.

Sie sollten die Indikatoren, über die Sie im Folgenden lesen werden, nicht als konkrete Trading-Anweisungen betrachten, sondern nur als Richtlinien. Und: Bevor Sie eine Aktie oder einen Index kaufen, verwenden Sie immer zusätzliche Indikatoren als Bestätigung.

DER BELIEBTESTE INDIKATOR: GLEITENDE DURCHSCHNITTE

Die gleitenden Durchschnitte gehören zu den beliebtesten technischen Indikatoren, und sie sind unabhängig vom Zeitrahmen häufig die zuverlässigsten. Konkret gesagt geben gleitende Durchschnitte den Preis eines Wertpapiers über einen bestimmten Zeitraum an, zum Beispiel die letzten 20, 50, 100 oder 200 Tage. Wenn man einen gleitenden Durchschnitt über den Aktienkurs legt, wird die Beziehung zwischen dem gleitenden Durchschnitt und dem Preis sichtbar. Auch hier gilt, dass das geübte Auge möglicherweise wertvolle Hinweise darauf erkennt, wie der Aktienkurs reagieren könnte.

Gleitende Durchschnitte sind leicht zu verstehen, und wenn man sie richtig interpretiert, können sie in profitablen Trades resultieren. Wenn man gleitende Durchschnitte darstellt, kann man Trends (über die wir bereits gesprochen haben) schnell erkennen. Am wichtigsten ist, dass gleitende Durchschnitte oft signalisieren, wann ein Trend anfangen oder aufhören könnte. Die beiden gängigsten gleitenden Durchschnitte sind der einfache gleitende Durchschnitt (GD) – *Simple Moving Average* (SMA) – und der exponentiell geglättete gleitende Durchschnitt – *Exponential Moving Average* (EMA, eGD oder EGD).

DER EINFACHE GLEITENDE DURCHSCHNITT

Viele Menschen benutzen den einfachen gleitenden Durchschnitt, weil er in den meisten Chartprogrammen die Standardeinstellung ist. Ein einfacher gleitender Durchschnitt über zehn Tage – im Chart meist als 10-Tage-Linie bezeichnet – errechnet sich, indem man die Schlusskurse der letzten zehn Tage zusammenzählt und dann durch zehn teilt. Das heißt, wenn ein neuer zehnter Tag dazukommt, fällt der bisherige erste Tag weg, oder: Wenn neue Tage hinzukommen, fallen alte Tage weg.

Gleitende Durchschnitte sind daher ständig in Bewegung. Wenn man diese Prozedur für jeden Tag wiederholt, ergibt sich eine durchgehende Linie, die man im Chart darstellen kann. Je länger der Zeitrahmen, umso mächtiger ist das Signal, und das ist ein weiterer Grund, weshalb sogar Daytrader verschiedene Zeitrahmen betrachten. Wieso ist eine 5-Tage-Linie mächtiger als eine 1-Tages-Linie? Da mehr Zahlen in die Berechnung eingehen, hat sie einen zeitlichen Vorsprung.

Natürlich ist auch ein 60-Minuten-Chart aussagekräftiger als ein 5-Minuten-Chart.

Als Daytrader benutzt man kurze Perioden: Minuten und Stunden. Dabei ist es zwar nützlich, wenn man weiß, was über mehrere Tage passiert, aber das muss sich nicht unbedingt auf die Intradaytrades auswirken. Glücklicherweise sind gleitende Durchschnitte so flexibel, dass man sie für fast alle Perioden einsetzen kann, auch im Tagesverlauf. Übrigens ändert sich die Wortwahl ein bisschen, wenn man gleitende Durchschnitte im Intraday-Chart betrachtet. Man spricht dann vom gleitenden Durchschnitt über 20 oder 50 *Perioden*, nicht wie im Tageschart vom gleitenden Durchschnitt über 20 oder 50 Tage. Ich erwähne das, weil es vielen Tradern nicht klar ist. Das heißt, ein gleitender Durchschnitt über 50 oder 200 Perioden bezieht sich auf einen Intraday-Chart. Dabei beläuft sich der Zeitrahmen von Intraday-Charts auf 5 Minuten, 15 Minuten oder 60 Minuten. Deshalb steht im 5-Minuten-Chart jede Kerze, jeder Balken oder jede Periode für 5 Minuten. Im 60-Minuten-Chart stellt jede Kerze, jeder Balken oder jede Periode 60 Minuten dar. Und noch eine Info: Für die Berechnung des gleitenden Durchschnitts über 10 Perioden im 10-Minuten-Chart verwendet man die Preise von insgesamt 100 Minuten.

Jeder Daytrader hat seinen Lieblingszeitrahmen, aber für den 60-Minuten-Chart sind gleitende Durchschnitte über 65 und 135 Perioden beliebt.

DER EXPONENTIELLE GLEITENDE DURCHSCHNITT

Wenn Sie genauere Informationen haben wollen, überlegen Sie sich, ob Sie exponentiell geglättete gleitende Durchschnitte benutzen sollten. Sie werden im Prinzip genauso berechnet wie einfache gleitende Durchschnitte, gewichten aber die jüngsten Perioden stärker.

Experten für gleitende Durchschnitte weisen darauf hin, dass der einfache gleitende Durchschnitt zwar nützlich ist, aber eventuell auf Marktänderungen etwas langsam reagiert. Deshalb entscheiden sich viele Trader, wenn sie die Wahl zwischen einem einfachen und einem exponentiellen gleitenden Durchschnitt haben, für den exponentiellen.

Der Chart **in Abbildung 4.1** zeigt die gleitenden Durchschnitte des S&P 500 über 10, 12 und 13 Perioden in einem 60-Minuten-Chart.

ABB. 4.1: EXPONENTIELL GEGLÄTTETER GLEITENDER DURCHSCHNITT, 60 MINUTEN

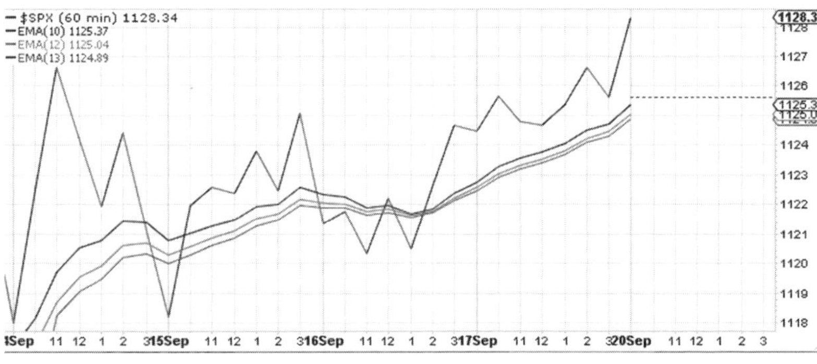

Quelle: Stockcharts.com

WIE MAN GLEITENDE DURCHSCHNITTE VERWENDET

Oft ist es nützlich, einen Schritt zurückzutreten und gleitende Durchschnitte zu verwenden, um den Markt aus einer langfristigen Perspektive zu betrachten. Wenn man sich das Gesamtbild anschaut und sieht, dass eine Aktie die 200-Tage-Linie in der einen oder anderen Richtung schneidet, kommt es wahrscheinlich zu einer Reaktion. Das Gleiche gilt für den GD über 20 und über 50 Tage. Viele Trader beobachten diese wichtigen gleitenden Durchschnitte, und Sie können das auch machen.

Wenn Sie immer mehr solche „Crossovers" sehen, können Sie die entsprechenden Daten in Ihr Trading-Journal eintragen. Irgendwann haben Sie dann genug Informationen, um zu entscheiden, ob solche Schnittpunkte für Sie ein Signal darstellen, anhand dessen Sie traden können.

DIE STRATEGIE DER GD-SCHNITTPUNKTE

Als Daytrader haben Sie allerdings ein viel kürzeres Gesamtbild. Es ist beispielsweise ein negatives Signal, wenn der Aktienkurs den gleitenden Durchschnitt über 5, 10 oder 20 Perioden im Intraday-Chart von oben nach unten schneidet. Schließlich können gleitende Durchschnitte ja als Unterstützung oder Widerstand fungieren, und deshalb ist ein Schneiden nach oben oder unten ein Signal, das Sie nicht ignorieren sollten. Andere Trader verwenden den gleitenden Durchschnitt über 30 oder 200 Perioden im Intraday-Chart, zum Beispiel im 30-Minuten- oder 60-Minuten-Chart.

Ein beliebtes längerfristiges Signal: Wenn die 8-Tage-Linie (der kürzere gleitende Durchschnitt) die 13-Tage-Linie (den längeren gleitenden Durchschnitt) *von unten nach oben* schneidet, könnte das ein Kaufsignal sein. Wenn umgekehrt die 8-Tage-Linie die 13-Tage-Linie *von oben nach unten* schneidet, könnte das ein Verkaufssignal sein. Doch wie schon erwähnt: Daytrader benutzen für Signale eher Intraday-Charts wie den 60-Minuten-, 15-Minuten- oder 5-Minuten-Chart als den Tageschart.

Gleitende Durchschnitte sind zwar nützlich, aber sie sind nicht perfekt. Zunächst einmal bezeichnet man sie als *nachlaufende* Indikatoren, weil sie ihre Signale manchmal verspätet geben. Zu dem Zeitpunkt, zu dem Ihnen das Signal auffällt, ist die Konstellation schon vorbei. Außerdem funktionieren gleitende Durchschnitte zwar gut, wenn sich eine Aktie in einem Trend befindet, aber wenn sie sich in einer *Trading-Range* befindet (wechselhaft, ohne eindeutigen Trend), funktionieren gleitende Durchschnitte anscheinend nicht so gut. Doch trotz dieser Einschränkungen geben gleitende Durchschnitte Signale, die Sie nicht ignorieren sollten. Die meisten Daytrader achten genau darauf.

DER GLEITENDE DURCHSCHNITT AUF HÖHERER EBENE: MACD

Der Moving Average Convergence Divergence (MACD) ist als technischer Indikator bei vielen Tradern beliebt und hilft einem ebenfalls, zu erkennen, wann womöglich ein Trend beginnt oder endet. Der MACD wurde 1976 von Gerald Appel erfunden und besteht aus zwei Linien, aus einer durchgezogenen schwarzen Linie namens MACD-Linie und einer gepunkteten roten (oder grauen) Linie namens 9-Tage-Signallinie. Diese ist der gleitende Durchschnitt eines gleitenden Durchschnitts.

Die MACD-Linie ist die schnellere von beiden (je kürzer der Zeitrahmen, desto schneller die Linie). Der Schlüssel zum Verständnis des MACD ist das Zusammenspiel zwischen der schnelleren MACD-Linie und der langsameren Signallinie. (Falls es Sie interessiert: Die MACD-Linie ist die Differenz aus den exponentiellen gleitenden Durchschnitten über 12 und 26 Tage. Die Signallinie ist der gleitende Durchschnitt des MACD.) Der MACD erzeugt eine Reihe von Signalen, auf die Trader achten. Beispielsweise kann es ein Kaufsignal sein, wenn der MACD die 9-Tage-Signallinie von unten nach oben schneidet. Und wenn der MACD unter die 9-Tage-Signallinie fällt, könnte das ein Verkaufssignal sein. Außerdem werden Sie eine gerade, horizontale Mittellinie sehen, die „Nulllinie“. Wenn der MACD über die Nulllinie steigt, könnte das ein Kaufsignal sein. Wenn er unter die Nulllinie fällt, könnte das ein Verkaufssignal sein.

Wenn Sie noch nie technische Indikatoren benutzt haben, fragen Sie sich vielleicht, wie sie funktionieren. Die Antwort liegt in der Formel, und die kann kompliziert sein. Der MACD wird, wie schon gesagt, aus der Differenz der Schlusskurse zweier exponentieller gleitender Durchschnitte berechnet. Das Ergebnis wird dann zusammen mit einem gleitenden Durchschnitt dieser Differenz im Chart angezeigt.

Abbildung 4.2 zeigt einen MACD im Tageschart.

ABB. 4.2: MACD

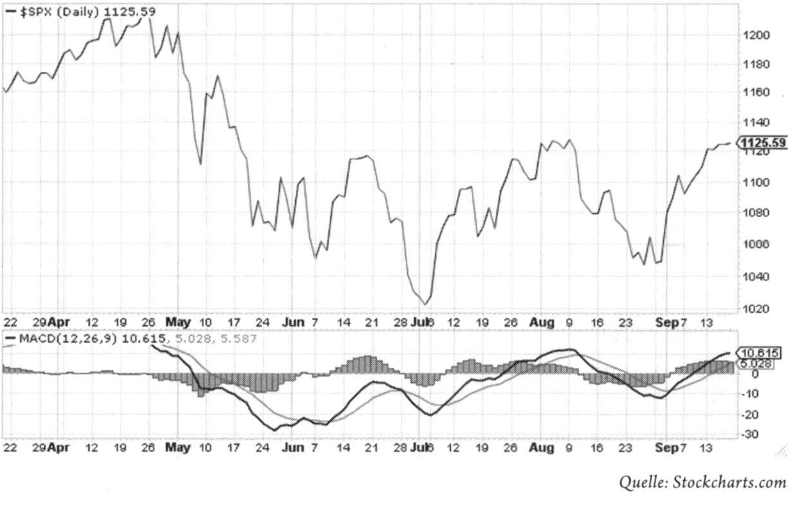

Quelle: Stockcharts.com

Da der MACD ein flexibler Indikator ist, kann man unter verschiedenen Einstellungen wählen. Die Standardeinstellung ist normalerweise 12, 26 und 9 (EGD über 12 Tage, EGD über 26 Tage und 9-Tage-Signallinie), aber als Daytrader benutzt man viel kurzfristigere Signale. Trotzdem möchten Sie sich den MACD vielleicht auch in mehreren Zeitrahmen anschauen, zum Beispiel im Tages- und Wochenchart, um einen Gesamteindruck zu bekommen.

Sie könnten zum Beispiel die Einstellung 6, 19 und 9 ausprobieren, die Appel in seinem Buch „Power-Tools für die Technische Analyse" vorschlägt. Laut Appel sollte man außerdem als Trader besonders darauf achten, wenn der MACD über die Nulllinie steigt, weil dieses Signal mit höherer Wahrscheinlichkeit zutrifft. Wenn der MACD die Nulllinie von unten nach oben schneidet, *könnte* das ein Kaufsignal sein. Wenn der MACD die Nulllinie von oben nach unten schneidet, *könnte* das ein Verkaufssignal sein. Warum ich Ihnen keine definitive Antwort geben kann? Erstens ist kein Indikator perfekt und es besteht immer die Möglichkeit falscher Signale. Zweitens sollte man nicht aufgrund nur eines Indikators eine große Position eingehen. Vielmehr benutzen viele Trader mehrere Indikatoren, um das, was sie im Chart sehen, zu überprüfen. Das Signal hilft einem, eine Entscheidung zu fällen.

Ein anderes Signal, auf das man achten sollte, ist die *Divergenz,* also wenn beispielsweise der Preis steigt, aber der MACD fällt, oder umgekehrt. Viele Trader suchen im MACD nach Anzeichen für eine Divergenz und sind überzeugt, dass dies zu profitablen Trades führen kann.

Zusätzlich greifen viele Trader auf das MACD-Histogramm zurück, das Thomas Aspray entwickelt hat. Dieses Histogramm ist eine visuelle Darstellung des Preis-Momentums (also der Geschwindigkeit, mit der die Preise steigen oder fallen). Wenn die Gipfel und Täler des Histogramms kleiner werden, bedeutet das, dass das Momentum nachlässt – und dies signalisiert möglicherweise einen Richtungswechsel. Wenn die Gipfel und Täler hingegen größer werden, kann das signalisieren, dass das Momentum zunimmt.

Um den MACD voll zu würdigen, muss man sich Zeit nehmen und mit den Einstellungen experimentieren. Wenn Sie sich für die Benutzung dieses Indikators entscheiden, werden Sie wahrscheinlich mehrere Zeitrahmen mit verschiedenen Einstellungen verwenden. Man kann den MACD in sehr kurzfristigen Charts (zum Beispiel 5 Minuten, 15 Minuten oder 60 Minute) sowie in Tages-, Wochen- und Monatscharts einsetzen.

DIE VOLATILITÄT REGIERT: BOLLINGER-BÄNDER

Die von John Bollinger 1980 erfundenen *Bollinger-Bänder* sind bei Daytradern so beliebt, weil sie so flexibel und so einfach zu verwenden sind. Wenn Sie sich zum ersten Mal Bollinger-Bänder in einem Chart anzeigen lassen, erscheinen sie normalerweise mit der Standardeinstellung eines einfachen gleitenden Durchschnitts über 20 Perioden und 2 Standardabweichungen (20,2). Das bedeutet: In der Standardeinstellung werden das obere und das untere Bollinger-Band im Abstand von 2 Standardabweichungen zum gleitenden Durchschnitt über 20 Perioden platziert.

In dem Chart in Abbildung 4.3 sehen Sie vier Linien. Die volatilste Linie ist der Preis. Zusätzlich sehen Sie das obere, mittlere und untere Bollinger-Band. Das mittlere Bollinger-Band (gestrichelte Linie) ist die standardmäßig eingestellte 20-Tage-Linie.

Sie ist die Basis für das obere und das untere Band und dient zur Beschreibung des aktuellen Trends. Wenn Sie aus der Indikatorenliste

Ihres Chartprogramms „Bollinger-Bänder" wählen, werden sie so angezeigt wie in **Abbildung 4.3**. Sie zeigt Bollinger-Bänder im 60-Minuten-Chart.

ABB. 4.3: BOLLINGER-BÄNDER

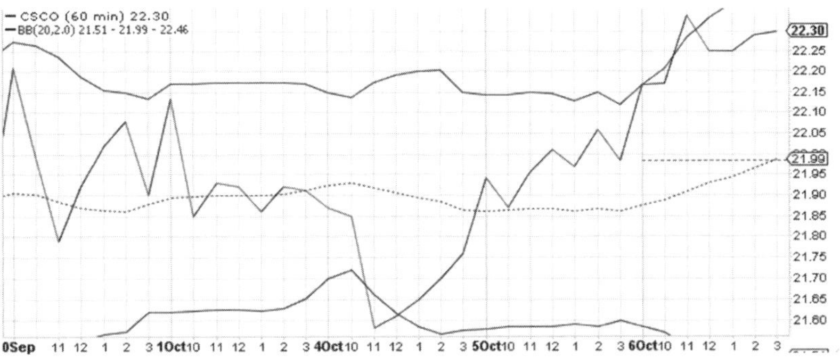

Quelle: Stockcharts.com

Wenn der Aktienkurs das obere Band berührt oder durchstößt, bedeutet das, dass die Aktie *überkauft* ist (sie wurde zu viel gekauft). Schauen Sie im oben stehenden Chart, ob Sie ein Überkauft-Signal sehen. Wenn der Kurs hingegen das untere Band durchstößt, bedeutet das, dass die Aktie *überverkauft* ist (sie wurde zu viel verkauft). Bedenken Sie: Nur dass eine Aktie überkauft oder überverkauft ist, heißt noch nicht, dass eine Wende bevorsteht.

Tatsächlich können Aktien und Indizes über längere Zeiträume überkauft oder überverkauft bleiben. Andererseits kommt es vor, dass Aktien sofort die Richtung wechseln und direkt in Richtung Mitte laufen, nachdem sie das obere oder untere Band durchstoßen haben. Bedenken Sie, dass eine Aktie schon eine sehr kräftige Bewegung vollführen muss, um das obere oder untere Band zu durchstoßen.

Schließlich beträgt die Standardeinstellung 2 Standardabweichungen, was weit über die Norm hinausgeht.

Es gibt zwar keine Garantien, aber es überrascht auch nicht, wenn eine Aktie die Richtung wechselt, nachdem sie das obere oder untere Band durchstoßen hat. Der beste Rat: Wenn eine Aktie laut den Bollinger-Bändern überkauft oder überverkauft ist, sollten Sie zwar darauf achten, aber das ist nicht unbedingt ein zuverlässiges Trading-Signal.

Neben dem überkauften beziehungsweise überverkauften Zustand schauen sich Daytrader auch die Form der Bänder an. Ein schmaler werdendes Band bedeutet, dass die Volatilität gering ist. Das ist ein Anhaltspunkt dafür, dass die Aktie die Richtung wechseln könnte. Wenn das Band hingegen breiter wird, was hohe Volatilität widerspiegelt, könnte die Aktie auch die Richtung wechseln.

Normalerweise bleiben Aktien nicht sehr lange in dem einen oder anderen Zustand. Als Daytrader benutzt man Bollinger-Bänder, um extreme Bedingungen zu erkennen – und erst dann zur Tat zu schreiten, wenn sie durch andere Indikatoren bestätigt wurden. Wie alle Indikatoren in diesem Kapitel müssen Sie sie in einem Chart anzeigen lassen und sie benutzen. Nur auf diese Art können Sie erfahren, ob sie für Sie funktionieren.

ACHTERBAHNFAHRT: OSZILLATOREN

Die beiden nächsten Indikatoren – der Relative-Stärke-Indikator (RSI) und der Stochastik – bezeichnet man als Oszillatoren, weil sie sich im Chart zwischen 0 und 100 hin und her bewegen (oszillieren). Sie werden zwar anhand komplizierter Formeln berechnet, aber ihre Verwendung ist relativ einfach. Das Schwierige daran ist natürlich die richtige Interpretation der Indikatorsignale. Der Hauptzweck dieser Oszillatoren besteht darin, festzustellen, ob eine Aktie oder ein Index wie der S&P 500 überkauft oder überverkauft ist. Das ideale Umfeld für Oszillatoren ist hohe Volatilität. Unter solchen Bedingungen sind Oszillatoren häufig am effektivsten. Schauen wir uns einmal an, wie man die beiden beliebtesten Oszillatoren – den RSI und den Stochastik – verwenden kann.

DER KÖNIG DES DRAMAS: RSI

Wenn Sie in der Software Ihres Brokers den Relative-Stärke-Oszillator (RSI, Relative-Stärke-Indikator) auswählen, erscheint dieser Momentum-Oszillator als einzelne Linie über oder unter dem Kurschart. Da er nur eine Signallinie besitzt, ist seine Verwendung relativ leicht. Der RSI wurde von J. Welles Wilder erfunden und wird von kurzfristigen Tradern häufig eingesetzt, um festzustellen, ob eine Aktie

ABB. 4.4: RSI

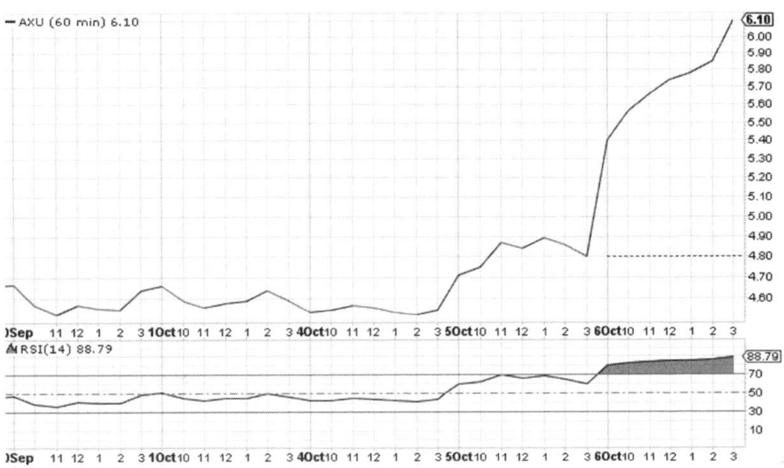

Quelle: Stockcharts.com

überkauft oder überverkauft ist. Konkret gesagt: Wenn der RSI über 70 steigt, ist das ein Signal dafür, dass eine Aktie oder ein Markt überkauft ist. Wenn er hingegen unter 30 fällt, ist das ein Signal dafür, dass eine Aktie oder ein Markt überverkauft ist. Wie bereits erwähnt, kann eine Aktie lange Zeit überkauft oder überverkauft bleiben, bevor sie die Richtung wechselt.

Bedenken Sie dabei, dass die Niveaus 30 und 70 nur Richtlinien sind, keine feststehenden Regeln. Im Laufe von Haussen und Baissen kommt es oft vor, dass man die RSI-Niveaus an die Marktbedingungen anpassen muss. Deshalb ist es wichtig, dass man diesen Indikator flexibel handhabt.

Abbildung 4.4 zeigt, wie der RSI in einem 60-Minuten-Chart aussieht.

Fangen Sie mit der Standardeinstellung von 14 Tagen an, die längerfristige Signale gibt, probieren Sie aber auch 9 Tage aus, damit Sie sehen, wie der RSI reagiert. Man hört auch von Daytradern, die zusätzlich einen 2-Tage-RSI verwenden. Ziel ist es natürlich, eine Einstellung zu finden, die für Sie funktioniert, und das können Sie nur erreichen, indem Sie verschiedene Einstellungen ausprobieren. Sie können die Ergebnisse in Ihr Trading-Journal eintragen, und irgendwann werden Sie merken, dass die Daten hilfreich für Sie sind.

Ein weiteres Signal, auf das Sie achten können, ist die *Divergenz*, die vorliegt, wenn die Aktie zwar neue Tiefs markiert, aber der RSI steigt. Dahinter steht die Vorstellung, dass die Aktie dem steigenden RSI folgen wird. Bei einer Divergenz, bei der der Indikator steigt, aber der Preis fällt, kommt ein Kauf infrage. Wenn umgekehrt der Indikator fällt, aber der Preis steigt, kommt ein Verkauf infrage.

Normalerweise sind Divergenzen zwar sehr effektiv, aber mehrere Trader berichten von RSI-Divergenzen, die nicht sehr effektiv waren. Ob diese Trader recht haben, müssen Sie selbst ausprobieren.

Wie bei allen Indikatoren sind auch bei Oszillatoren Fehlsignale möglich, vor allem wenn man kurze Zeitrahmen verwendet. Sie können nur durch Übung, Erfahrung und gewissenhafte Aufzeichnungen lernen, Ihrem Indikator und seinen Signalen zuversichtlich zu vertrauen.

DIE KÖNIGIN DES DRAMAS: STOCHASTIK

Viele Daytrader bevorzugen den Stochastik, den Ralph Dystant und George Lane entwickelt haben. Während der RSI nur aus einer Signallinie besteht, umfasst der Stochastik zwei und manchmal auch drei. Da RSI und Stochastik (unter anderem) messen, ob eine Aktie überkauft oder überverkauft ist, verwenden Trader häufig nur einen dieser Indikatoren und normalerweise nicht beide.

Da der Stochastik aus mehreren Signallinien besteht, ist er volatiler als der RSI. Aufgrund seiner Berechnungsformel kann der Stochastik aber auch zutreffendere und präzisere Resultate bringen. Andererseits kann er aufgrund seiner Volatilität manchmal Fehlsignale geben, vor allem wenn man kurze Zeitrahmen verwendet. Viele erfahrene Trader verwenden den Stochastik, aber es braucht definitiv Zeit, ihn zu erlernen.

Wenn Sie in Ihrer Chartsoftware den Stochastik auswählen, haben Sie normalerweise drei Wahlmöglichkeiten: langsamer Stochastik, schneller Stochastik und vollständiger Stochastik.

Wählen Sie als Daytrading-Neuling den langsamen Stochastik aus. Warum? Weil er leichter zu benutzen ist und weniger Signale generiert. Wenn Sie mehr Erfahrungen gesammelt haben, können Sie auch den schnellen Stochastik ausprobieren. Doch für den Anfang halten Sie sich wohl lieber an das langsamere Signal. Der einzige Nachteil des langsamen Stochastik ist eine gewisse Verzögerung seines Signals. Aber zunächst besteht Ihr Ziel ja darin, alle Feinheiten der verschiedenen Indikatoren kennenzulernen, und dafür ist der langsame Stochastik ein guter Ausgangspunkt.

Schauen Sie sich den langsamen Stochastik im 60-Minuten-Chart in **Abbildung 4.5** an.

ABB. 4.5: DER LANGSAME STOCHASTIK

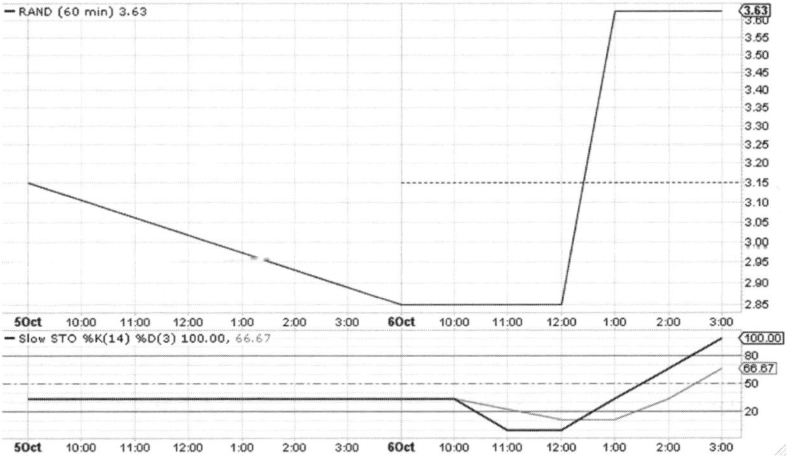

Quelle: Stockcharts.com

Wenn Sie den langsamen Stochastik gewählt haben, sehen Sie wie im abgebildeten Chart zwei unterschiedlich schnelle Linien. Die erste, langsamere, ist die %D-Linie und die schnellere heißt %K. Diese Linien beruhen auf einer mathematischen Formel, die den gleitenden Durchschnitt, das höchste Hoch und das höchste Tief berücksichtigt. Signale, auf die man achten kann: Wenn %D über 80 steigt, deutet das an, dass die Aktie überkauft ist. Fällt %D hingegen unter 20, bedeutet das gewöhnlich, dass die Aktie überverkauft ist. Beachten Sie, dass die Aktie im gezeigten Chart deutlich über 80 steht – ein Signal dafür, das sie sich auf überkauftem Territorium befindet.

Hier gilt ebenso wie beim RSI, dass Aktien oder Indizes lange Zeit überkauft oder überverkauft bleiben können, bevor sie die Richtung wechseln. Es ist immer am besten, wenn man andere Indikatoren zur Bestätigung heranzieht, um festzustellen, ob die Aktie wahrscheinlich wenden wird.

Frühere Trader nahmen fälschlicherweise an, sobald der %D die 80 durchstoßen hat, müssten sie die Aktie verkaufen. Genauso schlecht ist man beraten, wenn man verkauft, sobald %D die 20 durchstößt. Diese starren Regeln waren sehr irreführend.

Doch hier nun einige der nützlichsten Signale: Wenn %D über 80 steigt, halten Sie nach einer Verkaufsgelegenheit Ausschau. Wenn %D umgekehrt unter 20 sackt, halten Sie nach einer Kaufgelegenheit Ausschau.

Ein weiteres beliebtes Signal: wenn %D und %K divergieren. Wenn beispielsweise %D steigt, während die Aktie fällt, folgt die Aktie möglicherweise der %D-Linie nach. Wenn umgekehrt %D fällt, während die Aktie steigt, kann sie der Linie ebenfalls folgen.

Wenn Sie das wirklich tut, haben Sie vielleicht einen zuverlässigen Trade. Trader berichten, dass Divergenzen beim Stochastik zuverlässiger sind als beim RSI. Das heißt, in der Mehrzahl der Fälle funktionieren Stochastik-Divergenzen. Und vergessen Sie wie gesagt nicht, in Ihr Trading-Tagebuch einzutragen, was Sie über den Stochastik gelernt haben.

DAS ON-BALANCE-VOLUME (OBV)

Das On-Balance-Volume, das in den 1960er-Jahren von Joe Granville entwickelt wurde, wird verwendet, um zu messen, wie viel Volumen in ein bestimmtes Wertpapier hineinfließt beziehungsweise herausfließt.

Dieser relativ einfache Indikator zeigt ein kumuliertes Gesamtvolumen an (wenn eine Aktie am betreffenden Tag steigt, wird Volumen addiert, wenn sie fällt, wird Volumen subtrahiert). Die grafische Darstellung des OBV veranschaulicht, ob das Volumen zunimmt oder abnimmt. Auf der einfachsten Ebene ist ein steigendes OBV ein bullishes Signal, und ein fallendes OBV ein bearishes.

Manche Trader vergleichen das OBV mit dem Preis, um entweder eine Divergenz oder eine Bestätigung zu erkennen. Wenn eine Divergenz vorliegt, rechnet man damit, dass sich das OBV in die entgegengesetzte Richtung bewegt. Konkret: Wenn der Preis steigt, während das OBV fällt (Divergenz), ist das ein negatives Signal. Viele Trader behaupten, die Divergenz sei das nützlichste Signal des OBV.

Wenn das OBV hingegen die Preisbewegung bestätigt, sollte es sich in die gleiche Richtung bewegen. Das heißt, wenn der Preis steigt und das OBV ebenfalls steigt (Bestätigung), könnte das anzeigen, dass der Anstieg der Aktie stark ist.

Ein Tipp: Eine steigende OBV-Linie bedeutet, dass das Volumen an Tagen mit steigenden Kursen zunimmt. Schauen Sie, ob sich der Aktienkurs in die gleiche Richtung bewegt, denn das bestätigt den Aufwärtstrend des Kurses.

WEITERE TECHNISCHE INDIKATOREN

Fast alle bisher vorgestellten technischen Indikatoren kann man verwenden, um den Gesamtmarkt und/oder einzelne Aktien zu beobachten (außer dem OBV, das nur für einzelne Aktien verwendet wird). Die Indikatoren, die ich gleich vorstellen werde, werden hingegen hauptsächlich verwendet, um den breiten Markt zu beobachten, beispielsweise den S&P 500 oder den Nasdaq Composite.

Als Daytrader werden Sie sich zwar wahrscheinlich in erster Linie auf das Intraday-Geschehen konzentrieren, aber es ist auch nützlich, die Richtung des Gesamtmarktes zu studieren. Die nun folgenden Indikatoren können dabei helfen.

NOCH EIN LIEBLINGSINDIKATOR: DER NEW-HIGH-NEW-LOW-INDEX

Der New-High-New-Low-Index gibt die Anzahl der Aktien an, die neue Hochs und neue Tiefs markiert haben, gewöhnlich über einen Zeitraum von 52 Wochen. Dieser geradlinige Indikator ist relativ leicht zu berechnen und zu interpretieren.

Wenn der New-High-New-Low-Index positiv ist, bedeutet das beispielsweise, dass die Anzahl der Aktien, die neue Hochs erreicht haben, größer ist als die Anzahl der Aktien, die neue Tiefs erreicht haben, und das ist ein bullishes Signal. Wenn der New-High-New-Low-Index negativ ist, bedeutet das im Gegenzug, dass die neuen Tiefs die neuen Hochs übertreffen, was ein bearishes Signal ist. Und hier sehen Sie, wie der New-High-New-Low-Index in einem Tageschart aussieht.

Abbildung 4.6 zeigt die kombinierten neuen Hochs und Tiefs an Nasdaq und NYSE.

ABB. 4.6: NEW-HIGH-NEW-LOW-INDEX

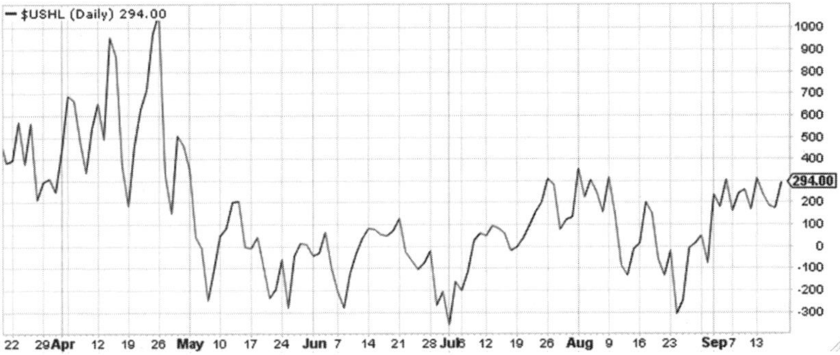

Quelle: Stockcharts.com

Der New-High-New-Low-Index gehört seit einiger Zeit zu den Lieblingsindikatoren von Daytradern. Der Trader und Psychiater Dr. Alexander Elder hat in seinen Bestsellern sogar geschrieben, dass der New-High-New-Low-Index einer der besten Indikatoren für kurzfristige Trader ist.

Wenn Sie sich diesen Indikator genauer anschauen, sehen Sie, ob die Zahl der neuen Hochs oder der neuen Tiefs steigt. Und wenn die neuen Hochs zunehmen, ist das ja ein positives Zeichen, vor allem wenn gleichzeitig das Volumen wächst. Wenn hingegen unter wachsendem Volumen die neuen Tiefs zunehmen, ist das ein negatives Zeichen.

Trader achten auch auf Anzeichen für eine Divergenz, also ob der Markt steigt, aber die Anzahl der Aktien mit neuen Hochs plötzlich absackt. Das könnte ein zusätzliches Anzeichen dafür sein, dass der Markt nach unten wenden könnte. Und wenn der Markt fällt, aber die Aktien mit neuen Tiefs abnehmen, könnte es natürlich sein, dass der Markt nach oben wendet.

Und schließlich: Wenn die Liste der Aktien, die neue Hochs markieren, zu schnell länger wird, könnte das tatsächlich ein negatives Signal sein. Denn wenn alle Aktien neue Hochs markieren, könnte ja so mancher zu dem Schluss kommen, dass kaum noch Aktien übrig sind, die man kaufen kann. Genauso ist es mit den neuen Tiefs. Wenn zu viele Aktien neue Tiefs markieren und ihre Zahl ein extremes Niveau erreicht, könnte man daraus schließen, dass zu wenige Aktien übrig sind, die noch fallen könnten. Wenn nur noch Käufer übrig sind, ist der Markt vielleicht reif für die Wende.

Manche kurzfristigen Trader empfehlen für den New-High-New-Low-Index statt der Standardeinstellung von 52 Wochen den New-High-New-Low-Index über 20 Tage, weil sie meinen, dieser würde kurzfristig orientierten Tradern präzisere Signale liefern.

EIN WERKZEUG FÜR DAYTRADER: DER ARMS INDEX (TRIN)

Der auch unter dem Namen TRIN bekannte *Arms Index* wurde in den 1960er-Jahren von Richard Arms erfunden. Viele kurzfristige Trader benutzen diesen Index, um einzuschätzen, ob der Gesamtmarkt überkauft oder überverkauft ist. Im Prinzip berechnet der Arms Index, wie viel Volumen an der NYSE oder der Nasdaq auf steigende beziehungsweise fallende Aktienkurse entfällt.

Das Ergebnis wird als Verhältnis angegeben: Je kleiner das Verhältnis (zum Beispiel 0,50, also 1:2), desto bullisher ist das für den Aktienmarkt. Ein niedrigeres Verhältnis bedeutet, dass der Markt dermaßen übertrieben überschwänglich wird, dass eine Wende unmittelbar bevorstehen könnte.

Im Gegenzug ist ein hohes Verhältnis bearish für den Aktienmarkt und bedeutet, dass exzessiv verkauft wird. In diesem Fall wird der

Markt derart panisch, dass eine Wende in die andere Richtung möglich ist. Ob er dann definitiv die Richtung wechselt? Leider ist es äußerst schwierig, eine Wende vorherzusagen, und deshalb ist es zwar möglich, aber nicht garantiert. Hier geht es nur um Wahrscheinlichkeiten. Das ist ein weiterer Grund, weshalb Trader zusätzliche Indikatoren zurate ziehen, die zu ihrer Entscheidung beitragen.

Der Arms Index lässt sich zwar problemlos im Chart anzeigen, aber seine Interpretation kann eine Herausforderung sein. Bevor man ihn einsetzt, um am Markt den richtigen Zeitpunkt abzupassen (Market-Timing), muss man ihn genau studieren und beobachten. Daytrader, die ihre Hausaufgaben gemacht haben, behaupten, er sei als Timing-Werkzeug äußerst nützlich, aber bis man die Feinheiten gelernt hat, dauert es seine Zeit.

Abbildung 4.7 zeigt den Arms Index in einem Tageschart.

ABB. 4.7: DER ARMS INDEX

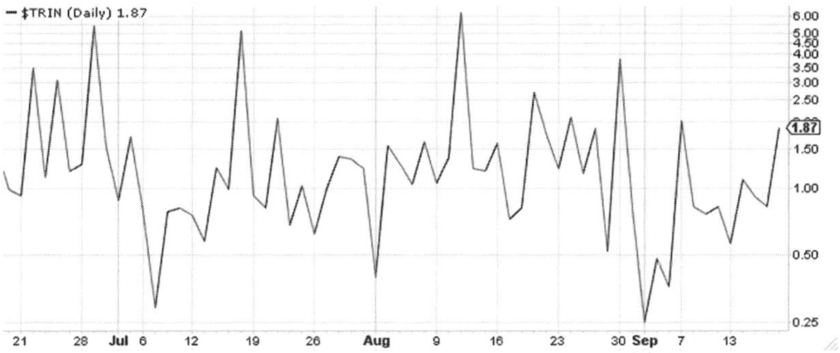

Quelle: Stockcharts.com

Am besten setzt man sich keine festen, starren Regeln, wann und wie man den Arms Index einsetzen sollte.

Im Allgemeinen sehen manche Trader ein Kaufsignal darin, wenn dieser Indikator zum Handelsschluss über 2,0 steigt (exzessive Verkaufstätigkeit). Wenn der Arms Index zum Handelsschluss auf 4,0 oder noch höher hinaufschnellt, zeigt das eine Panik an. Dann kann eine Wende bevorstehen. Wenn der Arms Index hingegen zum Handelsschluss unter 0,50 absackt (exzessive Kauftätigkeit), könnte der Markt in die andere Richtung wenden. Manche Trader betrachten das als Verkaufssignal. Wenn der Arms Index gar unter 0,30 fällt, bedeutet das, dass die Kauftätigkeit ein extremes Niveau erreicht hat. Manche Trader sehen darin einen absoluten Höhepunkt und halten nach Verkaufsgelegenheiten Ausschau.

Manche kurzfristigen Trader lassen sich einen gleitenden Durchschnitt des Arms Index anzeigen, beispielsweise über zehn Tage, um seine Schwankungen zu glätten. Stellen Sie sicher, dass Sie alle erwähnten Signale als grobe Richtlinien betrachten, nicht als konkrete Trade-Anweisungen.

DIE MARKTBREITE ERKENNEN: DIE ADVANCE-DECLINE-LINE

Die *Advance-Decline-Line* oder AD-Linie ist ein trügerisch einfacher Indikator, der die laufende Differenz zwischen der Anzahl der steigenden und der Anzahl der fallenden Aktien verfolgt. Er soll den Tradern helfen, die *Marktbreite* oder *Breadth* zu bestimmen – also wie viele Aktien an einem steigenden oder fallenden Markt beteiligt sind.

Wie im Chart in Abbildung 4.8 zu sehen, ist es ein bullishes Zeichen, wenn die AD-Linie steigt. Wenn die AD-Linie fällt, ist das ein bearishes Zeichen. Viel einfacher geht es nicht! Zwar führen Finanz-Websites und andere Finanzpublikationen die Anzahl der Anstiege und Rückgänge in Listenform auf, aber es ist viel übersichtlicher, diese Zahlen in einem Chart darzustellen. Dann sieht man gleich, in welche Richtung der Markt gehen könnte.

Abbildung 4.8 ist ein Chart der Advance-Decline-Line.

ABB. 4.8: DER ARMS INDEX

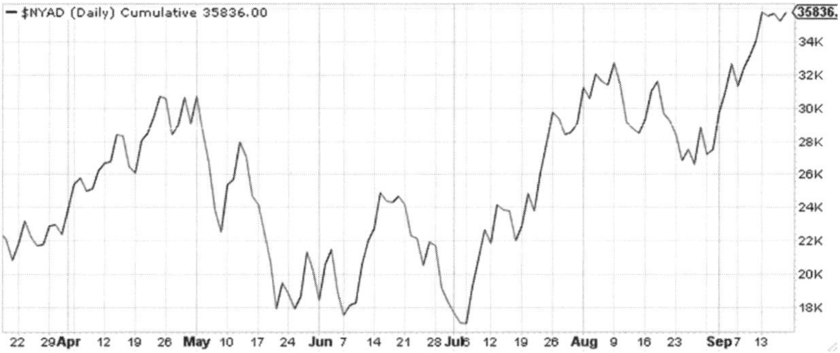

Quelle: Stockcharts.com

Eine Möglichkeit, die AD-Linie zu benutzen, besteht darin, nach Anzeichen für eine Divergenz zu suchen – also ob der Markt steigt, aber die AD-Linie fällt. Das könnte nämlich heißen, dass die Anzahl der steigenden Aktien an Fahrt verliert, was wiederum ein Hinweis darauf sein könnte, dass der Trend bald endet. Bedenken Sie jedoch, dass das Signal stärker ist, wenn sich die Advance-Decline-Line und der Markt in die gleiche Richtung bewegen.

Die AD-Linie ist für Trader zwar sehr nützlich, aber bei ihrer Verwendung muss man ein paar Feinheiten beachten. Zum Beispiel weisen die erwähnten Werte manchmal eine Verzögerung auf, sodass dieser Indikator für Market-Timing nicht ideal ist. Außerdem wird an der NYSE-AD-Linie kritisiert, dass die NYSE, von der dieser Indikator seine Zahlen bezieht, aufgrund von Titeln, die sich nicht auf die Unternehmenstätigkeit beziehen, verzerrt sei, zum Beispiel aufgrund von geschlossenen Anleihefonds. Laut den Kritikern liefern diese zinsempfindlichen Papiere keine zutreffenden Hinweise auf das Geschehen am Aktienmarkt.

Tom McClellan, dessen Eltern Sherman und Marian 1969 den McClellan-Oszillator entwickelt haben, behauptet allerdings, es könnte ein Fehler sein, solche nicht unternehmerischen Papiere herauszunehmen: „Es scheint zwar eine gute Idee zu sein, die betriebsfremden Titel hinauszuwerfen, aber das macht auch die brauchbaren Informationen zunichte, die die Advance-Decline-Line liefert."

Laut McClellan sollte man die zinssensitiven Papiere beobachten, um daran die Liquidität zu messen: „Diese zinssensitiven Titel, die in Wirklichkeit auf die Liquidität ansprechen, sind eigentlich wie Kanarienvögel in der Kohlengrube. Es geht ihnen gut, wenn die Liquidität gut ist, und sie leiden darunter, wenn die Liquidität knapp wird." Tatsächlich untersucht McClellan die nicht unternehmerischen Titel und die Aktien am liebsten separat.

DER NYSE-TICK

Manche Daytrader greifen auf den NYSE-TICK-Indikator zurück, um zu beobachten, was unter den Titeln der New York Stock Exchange (NYSE) vor sich geht. Seine Berechnung ist recht einfach: Wenn beispielsweise 1.000 Aktien beim letzten Trade gestiegen sind (Uptick) und 600 Aktien beim letzten Trade gefallen sind, zeigt der TICK einen Wert von +400 an, und das ist ein positives Signal. Wenn der TICK auf +200 steht, bedeutet das, dass 200 NYSE-Aktien mehr beim letzten Trade gestiegen (Uptick) als gefallen sind. Umgekehrt bedeutet ein TICK von -200, dass 200 Aktien mehr beim letzten Trade gefallen (Downtick) als gestiegen sind – und das ist ein negatives Signal.

Manchmal weist der TICK extreme Bedingungen auf, was ein Hinweis darauf ist, dass der Markt überverkauft oder überkauft sein könnte. Dann besteht eine gewisse Wahrscheinlichkeit, dass eine Wende stattfinden könnte. Normalerweise belaufen sich Extremwerte des TICK auf +1.000 oder -1.000, aber es ist unwahrscheinlich, dass er sich sehr lange auf einem solch extremen Niveau hält.

Trader verwenden den TICK, um die Anzahl der Upticks mit der Anzahl der Downticks zu vergleichen. Wenn die Käufer die Kontrolle haben und aggressiver sind, gibt es mehr Upticks. Wenn hingegen die Verkäufer aggressiver sind und die Kontrolle haben, gibt es mehr Downticks. Wenn man den zeitlichen Verlauf des TICK verfolgt, liefert er interessante Einblicke in die Stimmung des Marktes.

Die TICK-Zahlen werden auf der Website der Nasdaq und der Ihres Brokers live veröffentlicht. Ein Tipp: Platzieren Sie den TICK zusammen mit einer Handvoll Lieblingsindikatoren auf Ihrem Trading-Monitor (wahrscheinlich ist es noch zu früh für Lieblingsindikatoren, aber irgendwann werden Sie bestimmt welche haben).

FÜR ERFAHRENE TRADER: DER MCCLELLAN-OSZILLATOR

Erfahrene Trader holen sich häufig vom McClellan-Oszillator und vom McClellan Summation Index präzisere Informationen, als sie die Advance-Decline-Line liefern kann.
Dieser Indikator bezieht seine Informationen aus den Nettoanstiegen und Nettorückgängen und er gibt dem Trader

Hinweise auf überkaufte beziehungsweise überverkaufte Bedingungen sowie auf Divergenzen. Außerdem misst er die Kraft einer Bewegung. Der Oszillator misst die Beschleunigung der Zahlen zur Tages-Breadth, aus denen die Advance-Decline-Line gebildet wird. Wenn beispielsweise der Preis um 50 Punkte pro Tag steigt, hat man ein Maß für die Geschwindigkeit des Marktes. Wenn er dann nur noch um 40 Punkte steigt, geht das Tempo zurück. Dann steigt der Markt zwar immer noch, aber langsamer.

Für Daytrader, die mit dem Trend traden wollen und auf der Suche nach detaillierten Informationen sind, ist dieser Oszillator vielleicht genau das, was sie suchen. Allerdings ist dieser Oszillator nicht so leicht zu erlernen wie die zuvor erklärten. Deshalb rate ich Ihnen, zuerst so viel wie möglich über die Advance-Decline-Line zu lernen, bevor Sie es mit dem McClellan-Oszillator aufnehmen.

Hier ein Beispiel für die Funktionsweise dieses Indikators: Wenn der exponentielle gleitende Durchschnitt (EGD) über 19 Tage unter dem 39-Tage-EGD steht, ist der Oszillator negativ. Das bedeutet nämlich, dass die fallenden Titel stärker sind als die steigenden. Wenn hingegen der 19-Tage-EGD über dem 39-Tage-EGD steht, heißt das, dass die steigenden Titel stärker sind als die fallenden.

Zusätzlich generiert der McClellan-Oszillator noch eine Reihe ausgeklügelter Werte, dank deren der Trader die allgemeine Marktbreite bestimmen kann. Anfangs kann einen dieser Indikator zwar etwas einschüchtern, aber viele Trader verwenden ihn in Verbindung mit der AD-Linie.

Tom McClellan erläutert: „Der McClellan-Oszillator sagt einem nicht nur, wo die Advance-Decline-Line im Chart gerade steht, sondern er zeigt einem auch ihre Beschleunigung. Er sagt einem, wie schnell die Linie aufwärts oder abwärts läuft. Wenn man beispielsweise eine Preisbewegung sieht, die nicht mit einer starken Beschleunigung einhergeht, kann das eine sehr wichtige Information sein."

McClellan ergänzt jedoch warnend, dass dieser Indikator nicht der erste sein sollte, dessen Verwendung man erlernt.

„Man kann den McClellan-Oszillator nicht wirklich verstehen, ohne zuvor die Angaben zur Advance-Decline-Line ein bisschen verstanden zu haben. Man sollte wissen, dass diese Zahlen täglich veröffentlicht werden."

Der McClellan-Oszillator ist keine Wunderwaffe. „Er wird Ihnen nichts anderes sagen als die Advance-Decline-Line", erklärt McClellan. „Aber er liefert Ihnen tiefer gehende Informationen, sodass Sie die ganze Geschichte kennen."

Leider begreift nicht jeder, wie man diesen Oszillator richtig einsetzt. „Wenn man sich nur den Zahlenwert des McClellan-Oszillators anschaut", so McClellan, „übergeht man 99 Prozent der höchst nützlichen Informationen.

Wenn man nur die Zahl kennt, weiß man nicht, wie der Trend aussieht. Das ist, als würde man das Wetter vorhersagen, ohne die aktuelle Temperatur zu kennen. Das wäre eine sehr beschränkte Prognose. Deshalb kann man den McClellan-Oszillator nur benutzen, wenn man seinen Stand im Verhältnis zu gestern oder letzter Woche kennt."

Um diesen Oszillator zu verstehen, ist es nach seiner Aussage entscheidend, dass man ihn sich in einem Chart anschaut. Schließlich sagt ein Bild mehr als 1.000 Worte.

KAPITEL 5

IHR ERSTER TRADE

Ich habe schon immer gesagt, dass die Eröffnung der Aktienbörse so ähnlich ist wie der spannende Beginn des Stierlaufs in Pamplona. Dort werden die Stiere losgelassen und rennen anschließend durch eine enge Straße zur Arena.

Und genau wie die kühnen Seelen, die vor den Bullen her rennen, begeben sich manche arglosen Trader an die Wall Street, ohne sich vollständig klarzumachen, dass sie sich in einer unberechenbaren, gefährlichen Umgebung befinden – und dann werden sie von der Meute aufgespießt.

Bedenken Sie, dass man für das Daytrading genau wie für viele anderen Tätigkeiten Geschick, Wissen und Engagement braucht. Wer sich ohne die erforderlichen Werkzeuge oder ohne die richtige Ausbildung auf den Markt begibt, könnte einige unangenehme Überraschungen erleben.

Damit Sie auf der sicheren Seite sind, nehmen Sie sich so viel Zeit wie möglich, um den Aktienmarkt und die Daytrading-Strategien zu studieren. Wenn Sie in eine professionelle Trading-Firma eintreten würden, würde man Sie wahrscheinlich ein ganzes Jahr lang nicht traden lassen. Das ist auch richtig so: Man würde Sie ein Jahr lang schulen, bevor Sie echtes Geld am Markt einsetzen dürften. Daran sollten Sie beim Lesen dieses Kapitels denken.

Anmerkung: Sie können aber mithilfe der Software Ihres Brokers sofort mit dem Paper-Trading anfangen. Nur Sie können entscheiden, wann Sie so weit sind, mit richtigem Geld zu handeln.

FANGEN WIR AN!

Sie sollten es zwar nicht allzu eilig haben, mit dem Trading anzufangen, aber es wird Zeit, von der Theorie zur Praxis überzugehen. Schreiben Sie währenddessen weiterhin Ihre Erfahrungen im Trading-Tagebuch auf. Viele professionelle Trader sagen, es sei eine ihrer hilfreichsten Übungen und ein Schlüssel zu ihrem Erfolg, dass sie genaue Aufzeichnungen über die gelernten Lektionen führen.

Lernen Sie nun einen Schritt nach dem anderen, wie man Aktien kauft und verkauft. Wenn Sie schon früher Aktien gekauft haben, kommen Ihnen die Informationen in diesem Kapitel bestimmt bekannt vor, auch wenn Daytrading ein völlig anderes Spiel ist.

STELLEN SIE EINEN TRADING-PLAN AUF

Fast alle professionellen Trader stellen vor Markteröffnung einen durchdachten Trading-Plan auf, entweder am Vorabend oder am frühen Morgen. Häufig fangen sie mit der Suche nach Aktien an, die ihren Kriterien entsprechen.

Viele Trading-Ideen findet man, indem man sich einen Aktienchart anschaut. Manche Trader verwenden dafür eine Scansoftware (von ihrem Broker oder von einem Drittanbieter), die ihnen bei der Aktienauswahl hilft. Doch bis Sie dieses Buch zu Ende gelesen haben, werden Sie wissen, wie man auf Ideen für Aktien kommt. Für den Fall, dass Sie dann immer noch unsicher sind, biete ich Ihnen im letzten Kapitel zahlreiche Ressourcen an.

Ob man ein Programm verwendet oder sich die Charts „von Hand“ anschaut, ist eine persönliche Entscheidung. Machen Sie es am Anfang auf die altmodische Art: von Hand. Wenn Sie mehr Erfahrung haben und besser verstehen, wonach Sie suchen, sind Sie vielleicht dankbar, dass es dafür Software gibt.

Meiden Sie auf der Suche nach Aktien, die Sie kaufen könnten, billige und illiquide Aktien. Man kauft und verkauft besser Qualitätsaktien, auch wenn sie teurer sind.

Ein Tipp: Zwar verbinden manche Trader bei der Suche nach Aktien die Technische Analyse und die Fundamentale Analyse miteinander, aber Daytrader greifen bei der Entscheidung, wann sie ein- oder aussteigen, auf die Technische Analyse zurück. Zu jeder Aktie, die Ihre Kriterien erfüllt, müssen Sie Folgendes aufschreiben:

1. Den erwarteten Kaufpreis.
2. Einen aufgrund der Technischen Analyse realistischen Verkaufspreis.
3. Einen Ausstiegspreis für den Fall, dass Sie sich in der Aktie irren. Das kann zum Beispiel Ihr Stop-Loss sein, also der Preis,

zu dem Sie automatisch aus einer Aktie aussteigen. Wenn man diesen Preis im Voraus weiß, kann das noch größere Verluste verhindern.

Dass Sie diese drei Preise schriftlich festhalten, ist eine entscheidende Zutat Ihres Trading-Plans. Wenn in der Hitze des Gefechts die Emotionen hochkochen, können Sie sich auf diese Preise konzentrieren.

Jetzt fragen Sie sich vielleicht: Wie finde ich Aktien, die meine Kriterien erfüllen, und wie berechne ich Einstiegs- und Ausstiegspreise? Die Antwort auf beide Fragen liefert die Technische Analyse. Ein mögliches Kriterium ist beispielsweise, dass eine Aktie kurz vor einem Ausbruch steht.

Wenn Sie weiterlesen, finden Sie noch viele andere. Auch für die Bestimmung geeigneter Einstiegs- und Ausstiegspreise braucht man Erfahrung, und auch hier werden Sie die Technische Analyse als Orientierung verwenden (zum Beispiel Unterstützungen und Widerstände). Hier eine Richtlinie: Steigen Sie aus einer Aktie schnell wieder aus, wenn sie nicht das tut, was Sie erwartet hatten (später habe ich noch mehr über Stop-Losses zu sagen).

DIE BERECHNUNG DES CHANCE-RISIKO-VERHÄLTNISSES (CRV)

Als Nächstes müssen Sie ein *Chance-Risiko-Verhältnis* berechnen. Das heißt, bevor Sie eine Aktie kaufen, sollten Sie sicherstellen, dass Kauf und Verkauf die Mühe wert sind. Anders ausgedrückt: Tätigen Sie einen Trade nur, wenn der finanzielle Lohn hoch genug ist, um den Trade zu rechtfertigen, und wenn das Risiko relativ gering ist. Die Profis bezeichnen das als günstiges Chance-Risiko-Verhältnis oder CRV, das für gewöhnlich in Form einer Verhältniszahl ausgedrückt wird.

Die Berechnung eines günstigen Chance-Risiko-Verhältnisses ist ein entscheidender Bestandteil des richtigen Moneymanagements.

Die Berechnung des CRV kann einfach oder kompliziert sein. Ich habe schon Artikel über die CRV-Berechnung gelesen, für die man ein Mathematikstudium gebraucht hätte. Nach meiner persönlichen Erfahrung gilt: Je komplizierter die Berechnung, umso weniger wahrscheinlich ist es, dass sich irgendjemand daran hält. Deshalb stelle ich Ihnen das einfachste Chance-Risiko-Verhältnis vor.

Das größte Problem bei der Berechnung des CRV ist, dass man dabei Vermutungen hinsichtlich des Gewinns anstellen muss, den man „erwartet". Die Vermutung beruht zwar auf der Technischen Analyse, etwa auf Unterstützungen und Widerständen, aber damit kann man sich irren. Deshalb müssen CRV-Berechnungen flexibel sein und sich nach den wechselnden Marktbedingungen richten.

Die Profis werden Ihnen sagen, dass sie ein CRV von mindestens 1:2 haben wollen und dass 1:3 noch besser ist. Das bedeutet, dass man auf jeden Dollar, den man riskiert, mindestens zwei oder drei Dollar Gewinn „erwartet". (Für Daytrader ist das aber nicht immer realistisch, da muss man manchmal nehmen, was man bekommt.)

Hier das einfachste Beispiel:

Sie kaufen eine Aktie für 20 Dollar. Ihr Stop-Loss liegt bei 19 Dollar (das heißt, bei diesem Stand verkaufen Sie die Aktie, falls sie nicht steigt, sondern fällt), sodass Sie bei diesem Trade höchstens 1 Punkt verlieren können (beim Trading bedeutet 1 Punkt immer 1 Dollar). Aufgrund Ihrer Analyse planen Sie, bei 22 Dollar mit 2 Dollar Gewinn auszusteigen. Anders ausgedrückt riskieren Sie 1 Punkt, wenn Sie falsch liegen, streben aber 2 Punkte an, falls Sie richtig liegen. Das ist ein CRV von 1:2. Damit das funktioniert, müssen Sie allerdings realistische Preisziele nehmen – Hoffnung gilt nicht. Die wichtigste Lehre, die Sie daraus ziehen sollten, besagt, dass Sie nur dann einen Trade eingehen, wenn Sie sich vernünftigerweise vorstellen können, dass er profitabel wird. Wenn aus irgendeinem Grund das Risiko zu groß und die Chance zu gering ist, machen Sie den Trade nicht. Es gibt noch Tausende andere Aktien, die Sie kaufen können.

Um eine korrekte Chance-Risiko-Analyse vorzunehmen, müssen Sie die Größe Ihrer Position berücksichtigen. Wenn Sie eine zu große Position in einer einzigen Aktie halten, könnten Sie Ihr Portfolio einem großen Risiko aussetzen, egal wie verführerisch das Chance-Risiko-Verhältnis auf dem Papier aussieht.

WIE MAN SEINEN GEWINN BERECHNET

Ihr Gewinn wird dadurch bestimmt, wie viele Aktien Sie besitzen und um wie viele Punkte (erinnern Sie sich, wir benutzen das Wort „Punkte“ statt „Dollar“) Ihre Aktie steigt oder fällt. Wenn Sie zum Beispiel von einer Aktie 100 Stücke haben und sie steigt um einen Punkt, dann haben Sie einen nicht realisierten Gewinn von 100 Dollar. Wenn die Aktie um drei Punkte steigt, haben Sie einen nicht realisierten Gewinn von 300 Dollar. Um einen nicht realisierten Gewinn in einen realisierten (und zu versteuernden) Gewinn zu verwandeln, müssen Sie verkaufen.

Denken Sie daran, dass das auch umgekehrt funktioniert. Wenn Sie 100 Stücke von einer Aktie haben und sie fällt um einen Punkt, dann haben Sie einen unrealisierten Verlust von 100 Dollar. Wenn Ihre Aktie um zwei Punkte fällt, haben Sie einen nicht realisierten Verlust von 200 Dollar.

Frage: Wenn Sie 1.000 Stücke von einer Aktie haben und sie steigt um zwei Punkte, wie viel haben Sie dann verdient (falls Sie verkauft haben)? Antwort: 2.000 Dollar (1.000 Aktien x 2 Punkte) abzüglich Gebühren.

DER BESTE RAT, DEN SIE JE BEKOMMEN WERDEN

Der nun folgende Ratschlag ist so wichtig, dass er in einem anderen Kapitel noch einmal kommt: Die wichtigste Berechnung vor dem Kauf einer Aktie ist die, mit der Sie entscheiden, was Sie tun, wenn Sie sich irren. Es macht zwar viel mehr Spaß, daran zu denken, wie viel Geld man verdienen könnte, aber wenn man im Voraus weiß, wie viel man möglicherweise verlieren kann, kann man verhindern, dass man sein Konto ruiniert. Denken Sie immer in Worst-Case-Szenarien.

Die Profis haben einen speziellen Namen für Verluste: *Drawdown.* Das ist ein schickes Wort, um zu sagen, wie viel Geld man auf seinem gesamten Konto schlimmstenfalls verlieren kann. Profis planen den Drawdown ein und rechnen damit, und Sie sollten das auch tun. Leider kann man die Größe des Drawdowns nie im Voraus wissen. Mit anderen Worten: Gehen Sie keinen Trade ein, wenn Sie von Leckereien träumen und der böse Wolf im Gebüsch verborgen darauf lauert, sich auf Sie zu stürzen.

GELDKURS (BID), BRIEFKURS (ASK) UND GELD-BRIEF-SPANNE (SPREAD)

Hier drei Schlüsselbegriffe, die Trader und Anleger kennen müssen: *Bid, Ask* und *Spread.* Der Geldkurs, Ankaufskurs oder Bid ist der etwas niedrigere Preis auf der linken Seite der Kursangabe. Das ist der beste momentan veröffentlichte Preis, zu dem man eine Aktie (oder eine andere Anlage) verkaufen kann. Wenn man verkauft, kann man entweder den Geldkurs akzeptieren oder versuchen, einen höheren Preis zu bekommen. Der Briefkurs, Verkaufskurs oder Ask ist der etwas höhere Preis auf der rechten Seite der Kursangabe. Das ist der beste momentan veröffentlichte Preis, zu dem man eine Aktie (oder eine andere Anlage) kaufen kann. Anders gesagt ist das der niedrigste Preis, den ein Verkäufer für ein bestimmtes Wertpapier zu akzeptieren gewillt ist. Wenn man kauft, bezahlt man den Briefkurs (gelegentlich auch weniger). Der Spread ist die Differenz zwischen Bid und Ask – und falls Sie sich fragen: Diese Differenz stecken die Specialists oder Marketmaker ein, die den Markt in Gang halten.

Abbildung 5.1 ist ein Bildschirmfoto vom Geldkurs, Briefkurs und der Geld-Brief-Spanne von Microsoft.

ABB. 5.1: BID, ASK UND SPREAD

Symbol	Last	Chg.	Bid	Ask	Action	Qty	Ord.	Stop	Limit
MSFT	23.96	-0.33	23.96	24.09					
SPY	109....	-1.25	0.00	0.00	Buy				

Nur zu Illustrationszwecken. Quelle: Fidelity Investments.

Mit anderen Worten ist der Spread die Differenz zwischen dem, was jemand zu bezahlen bereit ist, und dem Preis, zu dem jemand zum Verkauf bereit ist. Sie werden merken, dass sich der Spread ständig verändert.

Normalerweise bestimmen die Specialists an der NYSE und die Marketmaker an der Nasdaq den Spread. Sie geben den aktuellen Geld- und Briefkurs öffentlich bekannt. (Die einzige Ausnahme ist der Handel über ein ECN, dann legen die Händler selbst den Spread fest).

Im abgebildeten Beispiel beträgt der Briefkurs für Microsoft 24,09 US-Dollar. Damit man Microsoft mit Sicherheit zum aktuellen Marktpreis bekommt, muss man in diesem Fall 24,09 Dollar bezahlen (oder weniger bieten). Wenn man schon Microsoft-Aktien hat und sie verkaufen will, kann man sie zum Geldkurs von 23,96 Dollar verkaufen (oder mehr verlangen). Und schließlich beläuft sich der Spread, also die Spanne zwischen Geldkurs und Briefkurs, in diesem Beispiel auf 0,13 Dollar.

Zur Beachtung: Ich benutze für dieses Beispiel Microsoft, weil das Unternehmen so bekannt ist. Für Daytrading ist es allerdings gewöhnlich nicht volatil genug, um beträchtliche kurzfristige Gewinne daran zu verdienen. Für das Daytrading sollte man Aktien wählen, die sich im Tagesverlauf um zwei, vier oder fünf Prozent bewegen, zum Beispiel: Anadarko Petroleum Corporation (NYSE: APC), American International Group (NYSE: AIG), Take-Two Interactive Software (Nasdaq: TTWO) oder Blue Coat Systems (Nasdaq: BSCI). Volatile Aktien finden Sie in den „most active"-Listen bei Yahoo! Finance, Google Finance oder Bloomberg, um nur einige zu nennen, oder auf der Website Ihres Brokers.

Vor vielen Jahren, als die Aktienkurse in den Vereinigten Staaten noch nicht im Dezimalsystem angegeben wurden, konnte der Spread sehr groß sein. In jenen Tagen wurden Aktienkurse in Brüchen angegeben, sodass regelmäßig Spreads von 0,50 Dollar oder mehr vorkamen. Nach der Einführung des Dezimalsystems – also der Umstellung von Brüchen auf Dezimalzahlen – verengten sich die Spreads liquider, sehr aktiv gehandelter Aktien, und zwar häufig auf wenige Pennys. Ein Anhaltspunkt: Je liquider die Aktie, umso enger der Spread.

Wenn Sie sehen, dass der Spread zwischen Geld- und Briefkurs sehr groß ist, dann ist das ein Warnzeichen, dass die Aktie wahrscheinlich illiquide ist. Illiquide Aktien lassen sich normalerweise schwer kaufen oder verkaufen. Wenn Sie einen breiten Spread sehen, befinden Sie sich mit hoher Wahrscheinlichkeit im nachbörslichen Handel oder Sie schauen sich einen Pennystock an, der unter drei Dollar kostet. Als Daytrader brauchen Sie jedoch liquide Aktien, und deshalb sollten Sie Pennystocks und den nachbörslichen Handel meiden.

LONG UND SHORT

Professionelle Trader wissen, dass jeder Markt zwei Seiten hat – die eine heißt „long", die andere „short". Zwar ist es für angehende Daytrader schon eine ausreichende Herausforderung, auf der Long-Seite zu handeln, aber Sie sollten auch lernen, wie man shortet.

Wenn man in der Hoffnung in eine Aktie investiert, dass ihr Preis steigen wird, spricht man davon, dass man „long" in der Aktie ist oder eine Long-Position hält. Dann hat man das Ziel, billig zu kaufen und teuer zu verkaufen. Der Gewinn ist die Differenz zwischen dem Preis, zu dem man die Aktie gekauft hat, und dem Preis, zu dem man sie verkauft. Wenn man beispielsweise eine Aktie für 15,23 Dollar kauft und für 16,80 Dollar verkauft, hat man 1,57 Punkte Gewinn gemacht.

Wenn man hingegen eine Aktie verkauft und hofft, dass ihr Kurs sinken wird, spricht man davon, dass man in der Aktie „short" ist oder eine Shortposition hält.

Wenn man eine Aktie shortet, verkauft man sie zuerst – man verkauft sie „leer", weil man sie nicht besitzt – und hofft, dass man sie zu einem niedrigeren Preis zurückkaufen kann. Der Gewinn ist dann die Differenz zwischen dem Preis, zu dem man die Aktie verkauft hat, und dem Preis, zu dem man sie zurückgekauft hat. Wenn Sie noch nie Aktien geshortet haben, leuchtet Ihnen das vielleicht nicht spontan ein, aber wenn Sie einmal gelernt haben, wie man diese Strategie einsetzt, werden Sie unter bestimmten Marktbedingungen mit Freuden darauf zurückgreifen.

GRUNDLAGEN DES SHORTENS

Und so funktioniert das Shorten: Nehmen wir an, Sie beobachten die Aktie Daytraders, Inc. und sind aufgrund der unten aufgelisteten

Signale überzeugt, dass die Aktie, die 50 Dollar kostet, überkauft ist und vor einem Kursverfall steht. Wenn Sie dann beschließen, 100 Aktien von Daytraders, Inc. zu shorten, platzieren Sie eine Verkaufsorder für Daytraders, Inc. zu 50 Dollar pro Aktie.

Da Sie die Aktie gar nicht besitzen, leiht Ihnen die Brokerfirma 100 Aktien von Daytraders, Inc. Sie verkaufen die Aktien, bekommen dafür 5.000 Dollar (100 Aktien x 50 Dollar pro Aktie) und Ihre Handelsbestätigung zeigt, dass Sie die Aktien verkauft haben und dass sich Ihre Position in dieser Aktie derzeit auf minus 100 Aktien beläuft. Wenn Ihre Analyse gestimmt hat, fällt Daytraders, Inc. danach auf 49 Dollar.

Dann drehen Sie sich um und kaufen 100 Aktien für 4.900 Dollar, das heißt, Sie decken Ihre Shortposition ein. Damit haben Sie einen Gewinn von 1 Punkt beziehungsweise 100 Dollar erzielt. Die Aktien, die Sie gekauft haben (+100) gleichen die vorherige Position (-100) aus und sie halten keine Position mehr. Die Brokerfirma nimmt die Aktien, die Sie gerade gekauft haben, und gibt sie dem Verleiher zurück. Sie bekommen die 100 Dollar Gewinn (abzüglich Gebühren).

Manche Profis sagen, sie könnten auf der Short-Seite mehr verdienen. Der Grund? Short-Gelegenheiten treten häufig im Zuge einer riesigen, volatilen Abwärtsbewegung auf, was potenziell hohe Gewinne bedeutet. Wenn die Menschen kaufen, tun sie das tendenziell nach und nach (außer im Spätstadium eines rasanten Kursanstiegs), aber wenn sie verkaufen, tun sie das tendenziell in Form einer riesigen Bewegung, vor allem wenn sie Angst haben.

Die ideale Zeit zum Shorten ist ein Abwärtstrend. Außerdem möchte man dafür Aktien finden, die sich unter ihrem gleitenden Durchschnitt bewegen und innerhalb ihres Sektors oder ihrer Branche hinterherhinken.

WAS DABEI SCHIEFGEHEN KANN

Das Shortselling hört sich zwar recht klar und eindeutig an, aber dabei kann vieles schiefgehen. Wenn man ein Aktie kauft – also wenn man long geht –, kann man theoretisch alles verlieren, was man investiert hat. Aber wenn man eine Aktie shortet, kann man mehr verlieren, als man investiert hat, und deshalb kann Shorten riskant sein.

Was wäre zum Beispiel, wenn Daytraders, Inc. nicht um einen Punkt gefallen, sondern gestiegen wäre? In diesem Fall würden Sie mit jedem Punkt, den die Aktie steigt, 100 Dollar verlieren. Wie weit kann eine Aktie steigen? Unbegrenzt. Das Problem beim Shorten ist, dass die Verluste unbegrenzt sind, wenn die Aktie steigt anstatt zu fallen – außer wenn man eindeckt oder Stopps verwendet.

RISIKOKONTROLLE

Bei uninformierten (und undisziplinierten) Anlegern, die die Feinheiten nicht durchschauen, hat das Shorten einen schlechten Ruf. Wenn man shortet, sollte man enge Stopps setzen und so diszipliniert sein, seine Position einzudecken, wenn sie sich gegen einen wendet.

Wenn man aus einem Leerverkauf schon einen beträchtlichen Buchgewinn hat, sollte man außerdem nachgezogene Stopps einsetzen, um den Gewinn zu bewahren. Die Anleger bleiben ja nicht ewig panisch, also wird die Aktie irgendwann wenden und wieder steigen. Aber natürlich ist schwer vorherzusagen, wann das passieren könnte.

Erfahrene Shortseller sind zwar so diszipliniert, dass sie ihre Shorts schnell eindecken, bevor die Position außer Kontrolle gerät, doch Fehler können passieren und passieren selbstverständlich auch. Zum Beispiel sollte man als Daytrader wohl nie eine Verlustposition über

Nacht behalten. Dazu gehören auch Short-Positionen. Man muss sie genauso wie Long-Positionen genau überwachen.

Als Neuling im Daytrading hat man schon alle Hände voll damit zu tun, die Long-Seite des Marktes zu verstehen.
Deshalb empfehle ich, zuerst die Long-Seite zu begreifen, bevor man shortet. Leerverkäufe können zwar profitabel sein, aber manchmal kann diese Strategie eine extreme Herausforderung darstellen.

FALLS SIE NOCH NIE EINE AKTIE GEKAUFT ODER VERKAUFT HABEN: LESEN SIE DAS FOLGENDE

Wenn Sie damit vertraut sind, Aktien zu kaufen und zu verkaufen, können Sie diesen kurzen Abschnitt gern überspringen. Wenn Sie aber noch nie eine Aktie gekauft oder verkauft haben, sind Sie hier richtig.

Sie haben nach Aktien gesucht, die Ihren Kriterien entsprechen (wie gesagt beruht das auf Technischer Analyse oder einer Scansoftware von Ihrem Broker), und Sie beschließen, 100 Aktien der Microsoft Corporation (Nasdaq: MSFT) zu kaufen, die gerade 23,96 Dollar pro Stück kosten (was sich aber garantiert schon geändert hat, wenn Sie dies lesen). Melden Sie sich zunächst auf der Website Ihres Brokers an. Nach dem Einloggen kommen Sie in den Trading-Bereich der Website Ihrer Firma. Ihr Bildschirm dürfte dann so ähnlich aussehen wie Abbildung 5.2.

ABB. 5.2: HAUPTFENSTER EINER BROKER-WEBSITE

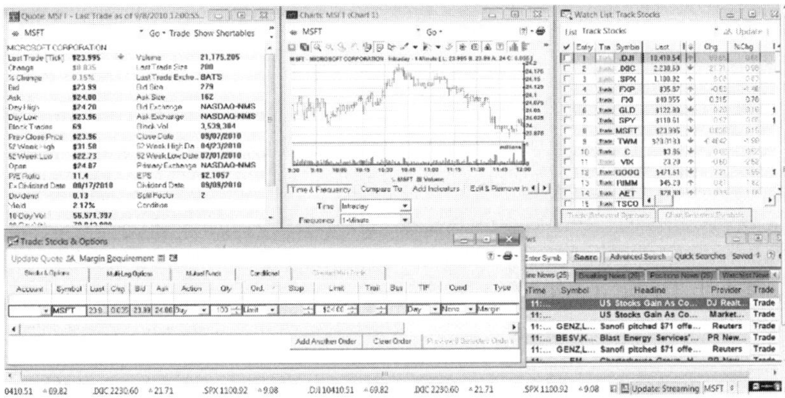

Nur zu Illustrationszwecken. Quelle: Fidelity Investments.
© 2010 FMR LLC. Alle Rechte vorbehalten. Nachdruck mit Genehmigung.

DER HAUPTBILDSCHIRM

Auf dem Hauptbildschirm (Abbildung 5.2) sehen Sie im linken oberen Fenster ausführliche Kursangaben zu Microsoft einschließlich wichtiger Informationen wie dem Hoch und Tief des Tages sowie dem Geld- und Briefkurs. Daneben wird ein Intraday-Candlestick-Chart von Microsoft angezeigt.

Beachten Sie, dass Sie im unteren Bereich des Charts Indikatoren hinzufügen beziehungsweise Zeit und Frequenz ändern können. Das dritte Fenster ist eine Watchlist mit einzelnen Aktien. Links unten ist das Fenster für die Ordereingabe. Dort können Sie Ihre Trades platzieren.

Rechts werden die aktuellen Nachrichten angezeigt, die Sie verfolgen wollen. (Begehen Sie bitte nicht den gängigen Fehler, eine Aktie zu kaufen, sobald Sie eine aktuelle Meldung dazu gelesen haben.) Und schließlich sehen Sie am unteren Bildrand Echtzeitkurse.

DIE INDIVIDUELLE ANPASSUNG DER FENSTER

Egal, welchen Broker und welche Software Sie verwenden, Sie haben die Möglichkeit, die Fenster flexibel Ihren Bedürfnissen anzupassen. Sie können auf jedem Hauptbildschirm das Layout und die Farben ändern, Warnmeldungen einrichten, Charts mit eigenen Einstellungen erstellen, Berichte erzeugen und mit Aktien oder Optionen handeln. Wenn Sie Trading-Erfahrung sammeln, lernen Sie, Ihre Fenster so anzupassen, dass sie nur die wichtigsten Informationen anzeigen. Beispielsweise wollen Sie bestimmt Charts mit verschiedenen Zeitrahmen sehen, technische Indikatoren, Nachrichten, Erträge und Verluste sowie natürlich ein Fenster für die Ordereingabe. Wenn Sie mehr als einen Monitor haben, dann haben Sie viel mehr Nutzfläche für weitere sinnvolle Fenster.

Dabei können Sie aus Hunderten von Möglichkeiten wählen, sodass es Ihre persönliche Entscheidung ist, was Sie nehmen und was nicht. Am Anfang fühlen Sie sich von den vielen Informationen vielleicht überfordert, aber keine Angst, irgendwann wird das leichter.

ORDER-TYPEN

Damit Sie die richtige Order platzieren können, müssen Sie die Unterschiede zwischen den verschiedenen Order-Typen kennen, zum Beispiel Market-Orders, Limit-Orders und Buy-Stop-Orders.

SCHNELL, ABER NICHT EMPFEHLENSWERT: DIE MARKET-ORDER

Mit einer Market-Order sagen Sie Ihrem Broker einfach, dass er die Aktien zum besten verfügbaren Preis kaufen soll. Wenn Sie sich dafür entscheiden, beim Kauf oder Verkauf Market-Orders zu verwenden, lassen Sie den Markt – der eigentlich aus automatisierten Computern besteht – Ihre Order unter Verwendung des landesweit besten Geld- beziehungsweise Briefkurses (NBBO = National Best Bid and Offer) erfüllen. Das heißt, Ihr Broker muss garantieren, dass Sie den besten vorhandenen Bid- beziehungsweise Ask-Preis bekommen.

Leider kann es unter gewissen Marktbedingungen – zum Beispiel wenn sich der Markt schnell bewegt – vorkommen, dass Sie auf eine Market-Order eine sehr schlechte Ausführung bekommen. Tatsächlich ist so ziemlich der einzige Grund, weshalb man sich für eine Market-Order entscheiden könnte, dass man eine sofortige Ausführung braucht, aber selbst dann bekommt man nicht unbedingt den günstigsten Preis.

Eine Market-Order kann eine Katastrophe sein. Zum Beispiel kann eine Verkaufsorder bei sehr schnellen Marktbewegungen oder einem *Flash Crash* 10, 15 oder 20 Punkte tiefer als vorhergesehen erfüllt werden. Zwar ist ein Flash Crash ein relativ seltenes Ereignis, bedenken Sie jedoch bei der Aufgabe einer Market-Order, dass Sie damit dem Markt die vollständige Kontrolle über Ihre Order übergeben – und das ist niemals der klügste Schachzug.

Kaufbeispiel: Microsoft wird zu 23,82 (Bid) bis 23,83 Dollar (Ask) gehandelt. Sie geben eine Market-Kauforder auf und innerhalb von Sekunden wird sie zu 23,83 Dollar ausgeführt.

Verkaufsbeispiel: Microsoft wird zu 23,82 bis 23,83 Dollar gehandelt. Sie geben eine Market-Verkaufsorder auf und Sekunden später wird sie zu 23,82 Dollar ausgeführt.

Ein weiteres Problem bei Market-Orders ist die *Slippage* (die Differenz zwischen dem geschätzten Marktpreis und Ihrem tatsächlichen Kauf- oder Verkaufspreis). In manchen Fällen ist mit Slippage zu rechnen, die an den Gewinnen zehrt. Aufgrund aller erwähnten

Gründe verwenden Daytrader selten Market-Orders, sondern lieber Limit-Orders.

GÜNSTIG UND PÜNKTLICH: DIE LIMIT-ORDER

Wenn Sie eine Limit-Order aufgeben, bestimmen Sie den Höchstpreis, den Sie zu zahlen bereit sind, oder den Mindestpreis, zu dem Sie zum Verkauf bereit sind. Ihre Order wird ausgeführt, falls und sobald die Aktie den von Ihnen festgelegten Preis erreicht. Wenn Sie kaufen, liegt Ihre Limit-Order bei einem niedrigeren als dem aktuellen Briefkurs. Wenn Sie verkaufen, liegt Ihre Limit-Order über dem aktuellen Geldkurs. Im Prinzip weisen Sie Ihre Brokerfirma an, zum angegebenen Preis oder noch günstiger zu kaufen. Die Parameter legen Sie fest. Sie müssen wissen: Wenn eine Aktie um die 23 Dollar gehandelt wird, aber Sie wollen nur 22,50 Dollar bieten, dann können Sie das tun. Die Chance, dass eine solche Order sofort ausgeführt wird, ist zwar gering, aber Sie können Limit-Orders zu beliebigen Preisen aufgeben.

Limit-Orders sind die bevorzugte Methode für den Kauf oder Verkauf von Aktien, aber sie haben auch einen Nachteil. Zum Beispiel wird die Order nicht ausgeführt, wenn die Aktie den Limit-Kurs nie erreicht. Dann hängen Sie sozusagen in der Luft, wenn Sie nicht einen anderen Preis eingeben.

Kaufbeispiel: Der Verkaufskurs von Microsoft beträgt 23,83 Dollar, also diesen Preis müssen Sie bezahlen, wenn Sie sofort kaufen wollen. Wenn Sie eine Limit-Order über 23,50 Dollar aufgeben, bezahlen Sie für die Aktie garantiert nicht mehr als 23,50 Dollar. Die Order wird ausgeführt, wenn Microsoft auf 23,50 Dollar oder noch tiefer fällt. Wenn die Aktie aber gar nicht so tief fällt, wird die Order nicht ausgelöst, Sie haben die Aktie nicht gekauft und es ist kein Schaden entstanden.

Verkaufsbeispiel: Der Ankaufskurs von Microsoft beträgt 23,82 Dollar, also diesen Preis bekommen Sie, wenn Sie die Aktie sofort verkaufen wollen. Sie geben eine Limit-Verkaufsorder über 24 Dollar auf. Wenn Microsoft auf 24 Dollar oder noch höher steigt, wird Ihre Order ausgeführt. Wenn die Aktie nicht auf 24 Dollar steigt, wird die Order nicht ausgeführt.

Wenn Sie eine sofortige Ausführung wünschen, können Sie eine Order über dem aktuellen Briefkurs oder unter dem aktuellen Geldkurs aufgeben. Anders gesagt: Wenn der aktuelle Verkaufspreis der Aktie 23,83 Dollar beträgt und Sie wollen sie sofort kaufen, können Sie 23,84 Dollar eingeben. Dann bekommen Sie mit größter Wahrscheinlichkeit eine sofortige Ausführung, und das wahrscheinlich zu 23,83 Dollar. Wenn hingegen der aktuelle Geldkurs 23,82 Dollar beträgt und Sie wollen sofort verkaufen, können Sie einen Preis von 23,81 Dollar eingeben und bekommen wahrscheinlich innerhalb einer Sekunde eine Ausführung.

NACH OBEN: DIE BUY-STOP-ORDER

Ein weiterer praktischer Order-Typ ist der *Buy-Stop*. Sagen wir mal, Sie wollen es nicht verpassen, falls eine Aktie plötzlich steigt (zum Beispiel wegen einer bullishen Chartformation). Wenn Sie einen Buy-Stop platzieren, beauftragen Sie die Brokerfirma, die Aktie zu einem höheren Preis zu kaufen. Sobald dieser Preis erreicht ist, wird Ihre Order zur Market-Kauforder.

Beispiel für eine Buy-Stop-Order: Microsoft kostet momentan 23,82 bis 23,83 Dollar. Sie geben eine Buy-Stop-Order über 24 Dollar ein. Wenn die Aktie auf 24 Dollar steigt, wird die Buy-Stop-Order zur Market-Order. Sobald die Order beim Buy-Stop-Kurs von 24 Dollar (oder darüber) ausgelöst wird, wird sie zum nächsten verfügbaren

Preis erfüllt. Wenn die Aktie dagegen nicht auf 24 Dollar (oder noch höher) steigt, bleibt die Order unausgeführt.

Sie können eine solche Order auch einsetzen, wenn Sie eine Aktie zu einem höheren Preis kaufen wollen, aber nicht am Computer sitzen und die Order nicht von Hand aufgeben können. Vielleicht müssen Sie das Haus verlassen und wollen einen etwaigen weiteren Anstieg der Aktie nicht verpassen. In diesem Fall können Sie eine Stop-Buy-Order aufgeben.

Die einzige Gefahr dabei ist, dass die Aktie beispielsweise zu Handelsbeginn ein Gap nach oben öffnet. Dann könnte die Ausführung zu einem viel höheren als dem erwarteten Preis erfolgen. Verwenden Sie Stop-Buy-Orders also, wenn Sie den Trade machen müssen, und verwenden Sie diesen Order-Typ nicht zu Handelsbeginn. Eine andere Lösung wäre allerdings eine Buy-Stop-Limit-Order.

Beispiel für eine Buy-Stop-Limit-Order: Microsoft wird für 23,82 bis 23,83 Dollar gehandelt. Sie geben eine Buy-Stop-Limit-Order über 24 Dollar auf. Wenn Microsoft auf 24 Dollar steigt, verwandelt sie sich in eine Limit-Order und die Aktien werden für 24 Dollar oder günstiger gekauft.

Fällt die Aktie nach der Auslösung des Stopps nicht unter 24 Dollar, bleibt die Order offen. Bei schnellen Marktbewegungen ist es auch möglich, dass der Markt durch Ihre Kauforder saust, ohne dass sie ausgeführt wird. Unterm Strich: Da diese Orders so flexibel sind, ist zu empfehlen, dass Sie zuerst damit experimentieren, um festzustellen, welche Ihren Bedürfnissen entspricht.

Anmerkung: Sie haben bei einer Buy-Stop-Limit-Order auch die Möglichkeit, zwei Preise einzugeben. Der erste ist der Stoppkurs, also der Auslöser. Der zweite ist der Limit-Kurs, also der höchste Betrag, den Sie für die Aktie zu bezahlen bereit sind. Fragen Sie bei Ihrem Broker nach den exakten Regeln.

DIE PLATZIERUNG IHRER ERSTEN ORDER

ABB. 5.3: ORDER-EINGABEFENSTER

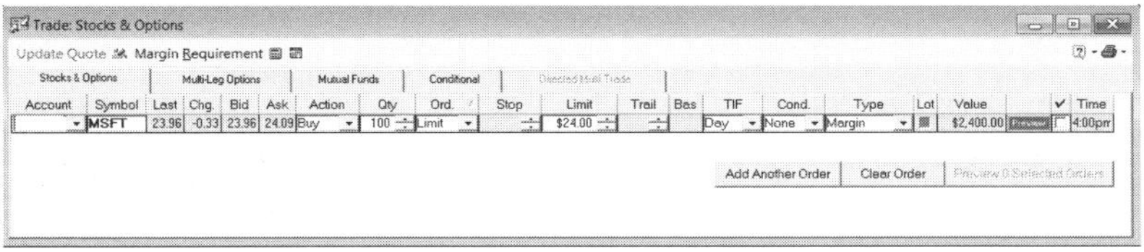

Nur zu Illustrationszwecken. Quelle: Fidelity Investments.

Abbildung 5.3 ist ein Order-Eingabefenster für Microsoft. Dieses Fenster ist überaus wichtig – wenn Sie mit Aktien handeln wollen, müssen Sie es vollständig durchschauen. Es ist zwar leicht auszufüllen, aber Sie müssen wissen, was die einzelnen Spalten bedeuten.

Von links angefangen müssen Sie zuerst das richtige Aktiensymbol eingeben. Sie glauben ja gar nicht, wie viele Trader das falsche Symbol eingeben und die falsche Aktie kaufen! Zum Glück gibt es ja immer noch die Vorschau-Schaltfläche (ganz rechts), dank deren Sie Fehler noch sehen können, bevor Sie die Order abschicken.

Die nächsten Spalten geben den Spread zwischen Geld- und Briefkurs an, über den Sie gerade etwas gelernt haben. Es ist wichtig, dass Sie immer den Geld- und den Briefkurs kennen und dass Sie lernen, wie man den besten Preis bekommt. In der Spalte „Vorgang“ wählen Sie aus, ob Sie kaufen oder verkaufen wollen. Da wir Microsoft kaufen wollen, wählen wir Kaufen. In der Spalte „Anzahl“ wählen Sie aus, wie viele Aktien Sie kaufen wollen. Für die Beispiel-Order geben wir 100 Aktien ein. Und schließlich haben Sie in der Spalte „Order“ die Wahl zwischen Limit- und Market-Order. Wir wählen natürlich das Limit.

Wenn Sie Finanzinformationen eingeben, prüfen Sie Ihre Eingaben immer doppelt nach. Wie bereits erwähnt, verlieren nur zu viele Trader dadurch Geld, dass sie falsche Symbole, Aktien oder Preise eingeben. Machen Sie solche Fehler bitte nicht.

Wir haben mithilfe des Order-Fensters (Abbildung 5.3) 100 Aktien von Microsoft zu 24 Dollar das Stück gekauft. Anstatt den aktuellen Briefkurs von 24,09 Dollar zu bezahlen, haben wir ein Kurslimit von 24 Dollar eingegeben. Es kann zwar sein, dass unsere Order zu diesem Preis nicht ausgeführt wird, aber das ist weniger kostspielig, als den Marktpreis zu bezahlen. Rechts sehen Sie, dass der Gesamtpreis für die Order 2.400 Dollar zuzüglich Gebühren beträgt.

Sobald Sie alle Angaben eingegeben haben, klicken Sie auf die Vorschau-Schaltfläche. Dadurch bekommen Sie die Gelegenheit, Ihre Order noch einmal auf Fehler hin durchzusehen. Sobald Sie „Enter" drücken, ist Ihre Order aktiv und kann ausgeführt werden. Gute Arbeit! Sie haben Ihre erste Order platziert (übrigens wurde unsere Order zu 24 Dollar ausgeführt). Wenn Sie Ihre erste Order platziert haben, haben Sie vielleicht das gleiche Gefühl, wie wenn Sie zum ersten Mal Fallschirm springen oder Auto fahren. Ich hoffe, dass dieses Gefühl mit der Zeit und der Erfahrung vergehen wird. Warum? Wenn Sie daytraden, weil Sie auf der Suche nach Unterhaltung oder Aufregung sind, verlieren Sie am Ende wahrscheinlich Geld, vielleicht sogar viel Geld. Zwar mag das Daytrading manchen Menschen wie ein Glücksspiel vorkommen, aber wenn man es ernsthaft und mit den richtigen Fähigkeiten betreibt, ist es eine annehmbare Methode, Einkünfte zu erzielen. Ziel ist es, anhand von Wahrscheinlichkeiten und finanziellen Chancen zu traden, nicht aufgrund von reinem Glück oder Bauchgefühl. Für manche Menschen ist das Platzieren einer Order der leichteste Teil des Tradings. Was als Nächstes kommt: der schwierige Teil, nämlich das Managen der Position. Das Positionsmanagement, das man auch Risikomanagement nennen könnte, ist das, was die Profis von den Amateuren unterscheidet.

POSITIONSMANAGEMENT

Das Management der Positionsgröße ist einer der Schlüssel zu Ihrem Erfolg als Trader und ein wesentlicher Bestandteil des Risikomanagements. Das heißt, dass Sie die Größe Ihrer Aktienposition so anpassen, dass Sie nicht zu viel Geld riskieren, falls Sie sich irren. Es gibt beispielsweise Anfänger, die kaufen immer 1.000 Aktien, unabhängig vom Aktienkurs oder davon, wie viel Geld sie auf dem Konto haben. Das ist ein ganz großer Fehler. Die richtige Aktienmenge hängt von vielen Faktoren ab, unter anderem von den Stop-Losses, die wir als Nächstes besprechen werden.

DIE VERTEIDIGUNG: ORDERS ZUM SCHUTZ VON AKTIEN

Die nun folgenden Order-Typen sind dafür gedacht, sich Gewinne zu sichern oder sich gegen Verluste zu schützen. Manche Trader geben solche Orders sofort ein, andere warten zunächst ab und schauen, was passiert.

DIE STOP-LOSS-ORDER, TEIL 1: SCHUTZ GEGEN GROSSE VERLUSTE

Eines der beliebtesten defensiven Werkzeuge ist die Stop-Loss-Order, die dafür gedacht ist, Sie zu schützen, falls Ihre Aktie abstürzt.

Man benutzt sie, um eine Position zu einem festgelegten Preis automatisch zu verkaufen. Manche Trader geben eine Stop-Loss-Order auf, sobald sie den Kauf einer Aktie beendet haben, und für Neulinge ist das auch sinnvoll.

Eine Stop-Loss-Order funktioniert folgendermaßen: Sie kaufen 100 Microsoft-Aktien für 23,05 Dollar. Dann geben Sie beispielsweise eine Stop-Loss-Order für 22,25 Dollar ein. Einfach ausgedrückt wird dann eine Verkaufsorder für 100 Microsoft-Aktien „zum Marktpreis“ ausgelöst, sobald Microsoft auf 22,25 Dollar oder darunter fällt. Dahinter steht die Idee, die Verluste zu begrenzen, um eine Katastrophe zu verhindern.

Der größte Nachteil der Stop-Loss-Order ist, dass es keine Garantie dafür gibt, dass sie zu dem gewünschten Preis ausgeführt wird oder dass sie überhaupt sofort ausgeführt wird. Sobald sie zur Market-Order wird, wird sie zum besten verfügbaren Preis ausgeführt.

In normalen Marktlagen funktioniert der Stop-Loss gewöhnlich wie geplant und im genannten Beispiel verkauft man am Ende für 22,25 Dollar oder in der Nähe dieses Preises. Ein Verlust von 0,80 Dollar ist zwar kein Spaß, aber immer noch besser, als einen größeren Betrag zu verlieren. Im Prinzip begrenzt man dadurch den Verlust auf weniger als einen Punkt. Man kann den Stopp auch jederzeit höher legen, zum Beispiel auf 22,37 Dollar, auf 22,70 oder einen beliebigen anderen Preis. Leider kommt es in schnellen Märkten, wenn die Aktie ein Gap nach unten öffnet oder wenn der Markt abstürzt, vor, dass der Stop-Loss nicht planmäßig funktioniert. Nehmen wir einmal an, der Markt gerät ins Trudeln und auf dem Weg nach unten wird der Stopp bei 22,25 Dollar ausgelöst. Dann ist Ihre Market-Order der Frage ausgeliefert, wie viele Aktien abgestoßen werden und wie schnell die entsprechenden Orders auf dem Parkett (vor Ihrer Order) ankommen. Das bedeutet, dass sie zum nächsten verfügbaren

Preis ausgeführt wird, der in diesem Fall ein Dutzend Punkte unter Ihrem Stop-Loss-Preis liegen könnte. Teure, volatile Aktien wie Google (Nasdaq: GOOG) oder Apple (Nasdaq: AAPL) können ein Abwärtsgap von 5 bis 15 Prozent öffnen, während eine träge Aktie wie Microsoft vielleicht nur ein bisschen fällt.

> Wenn Sie einen „harten Stop-Loss" einsetzen (eine echte Order, die Sie über Ihren Broker eingegeben haben), lassen Sie sie nicht über Nacht stehen, denn es könnte sein, dass der Markt mit einem Aufwärtsgap (wenn Sie shorten, mit einem Abwärtsgap) eröffnet.

Die Entscheidung, wo man einen Stop-Loss setzen soll, ist nicht leicht, aber wenn man sein Chance-Risiko-Verhältnis ausgerechnet hat, hat man eine Vorstellung vom größtmöglichen Verlust. Benutzen Sie diesen maximalen Verlust, um den Stop-Loss-Kurs zu bestimmen. Eine richtige Lösung gibt es da nicht. Viele Trader verwenden Unterstützungen und Widerstände, um zu entscheiden, wo sie einen Stop-Loss setzen sollen. Andere Profis verwenden hingegen willkürliche Prozentsätze (ein oder zwei Prozent) beziehungsweise Zahlenwerte (einen oder zwei Punkte), um festzulegen, wo sie ihre Stopps setzen sollen. Wenn es ständig vorkommt, dass Ihre Stopps ausgelöst werden und die Aktie dann nach oben saust, dann ist das ein Hinweis darauf, dass Sie Ihre Stopps zu eng setzen.

DIE STOP-LOSS-ORDER, TEIL 2: GEWINNE SICHERN

Hier eine weitere Einsatzmöglichkeit von Stop-Loss-Orders: Anstatt unmittelbar im Anschluss an den Kauf der Aktie geben Sie Ihre

Stop-Loss-Order auf, nachdem Sie einen nicht realisierten Gewinn erzielt haben. In diesem Szenario wird der Stop-Loss verwendet, um einen Teil dieses Gewinns oder den gesamten Gewinn zu bewahren. Wenn der Stop-Loss über Ihrem Einstandspreis liegt, realisieren Sie auf jeden Fall einen Gewinn auf Ihren Trade, denn Sie verkaufen entweder zu Ihrem Zielkurs oder zum Stop-Loss-Kurs.

Ein Beispiel: Sie haben Microsoft für 23 Dollar das Stück gekauft und jetzt kostet die Aktie 25 Dollar, Sie haben also einen Buchgewinn von zwei Dollar. Diesen Gewinn wollen Sie nicht mehr verlieren, und deshalb geben Sie einen Stop-Loss von 24 Dollar ein, wodurch Sie sich im Prinzip einen Gewinn von einem Punkt sichern. Wenn die Aktie weiter steigt, heben Sie den Stop-Loss schrittweise an, beispielsweise um jeweils 0,50 Dollar, sodass Sie sich noch mehr Gewinn sichern. Bedenken Sie, dass Sie an hektischen Handelstagen vielleicht nicht viele Gelegenheiten haben, Ihre Stop-Loss-Kurse zu ändern.

Manche erfahrenen Trader gehen nach dem Motto „abwarten und Tee trinken" vor und verwenden keine harten Stop-Losses. Stattdessen benutzen sie *mentale Stopps*. Dafür braucht man zwar mehr Disziplin, aber das bedeutet auch, dass man die Order nicht wirklich in den Computer eingibt, sondern sie entweder aufschreibt oder im Gedächtnis behält.

Wenn Sie als Trader ein Neuling sind, geben Sie am Anfang am besten harte Stopps ein. Wenn Sie mehr Erfahrung und Disziplin gewonnen haben, können Sie entscheiden, welcher Order-Typ am besten zu Ihrem Trading-Stil passt. Der Nachteil mentaler Stopps ist, dass man dabei seine Aktienpositionen sehr genau beobachten muss. Leider fehlt vielen Menschen die Disziplin, anhand mentaler Stopps zu verkaufen. Merken Sie sich unabhängig von der Methode, die Sie verwenden, eines: „Wenn Sie schon drei Punkte im Plus stehen", schreibt der Trader und Bestsellerautor Dr. Alexander Elder, „sollten Sie höchstens zwei davon wieder hergeben. Sie müssen dann mindestens einen Punkt Ihres Gewinns bewahren. Es ist absolut kriminell, wenn man es zulässt, dass der Markt einen großen offenen Profit in einen Verlust verwandelt."

Dass Sie den Stop-Loss verstehen, ist ein wesentlicher Teil Ihrer Ausbildung. Indes verwenden viele Trader anstelle einer Market-Order eine Stop-Limit-Order – die werden wir als Nächstes besprechen. Wie Sie sehen, hat jeder Order-Typ seine Vor- und Nachteile.

DIE STOP-LIMIT-ORDER: EINE ANDERE METHODE, SICH GEGEN VERLUSTE ZU SCHÜTZEN

Die Stop-Limit-Order vereint die Stop-Loss-Order mit einer Limit-Order. Man gibt nicht nur eine Zahl ein, sondern zwei. Die erste Zahl löst den Stopp aus und die zweite gibt den Mindestverkaufspreis an, den man noch akzeptiert. Das klingt verwirrend? Ist es aber nicht. Wenn man das ein paarmal ausprobiert hat, ist es leicht zu verstehen.

Das funktioniert so: Nehmen wir an, Sie haben Microsoft für 22,90 Dollar gekauft. Wenn Sie eine Stop-Sell-Limit-Order aufgeben, geben Sie zuerst den Stoppkurs ein, beispielsweise 22 Dollar. Gleichzeitig geben Sie einen Limit-Preis ein – das ist der niedrigste Preis, den Sie für Ihre Aktien akzeptieren. Der Limit-Preis garantiert, dass die Aktie zu diesem Preis oder darüber verkauft wird (unter der Annahme, dass sie überhaupt verkauft wird, denn manchmal werden Limit-Orders nicht erfüllt). In unserem Beispiel setzen wir ein Limit bei 21,95 Dollar pro Aktie.

Nachdem die Stop-Limit-Order aufgegeben ist (mit einem Stopp bei 22 Dollar und einem Limit bei 21,95 Dollar), kann im richtigen Leben Folgendes passieren: Microsoft wird für 24 Dollar gehandelt und es sieht so aus, als könnten Sie einen Gewinn verbuchen. Doch dann wird der gesamte Technologiesektor von schlechten Nachrichten heimgesucht und Microsoft sackt plötzlich deutlich unter 22,90 Dollar. In diesem Beispiel wird die Stop-Loss-Order bei 22 Dollar ausgelöst. Dann wird die Order zur Limit-Order. Das heißt, falls die Aktie für 21,95 Dollar oder darüber verkauft werden kann, wird die Order ausgeführt. Wenn die Aktie jedoch ein Gap unter den Limit-Kurs von 21,95 Dollar öffnet, wird die Order nicht ausgeführt.

Theoretisch könnte die Aktie auf 15 Dollar absacken, ohne dass Ihre Order ausgeführt wird – das passiert erst, wenn sie wieder über 21,95 Dollar steigt. (Übrigens, wenn sie auf 15 Dollar fällt, sollten Sie die Verkaufsorder streichen und sich einen neuen Trading-Plan überlegen.) Mit anderen Worten: Sie haben es in der Hand, zu welchem Preis Sie die Aktie verkaufen. In diesem Beispiel sagen Sie dem Markt, dass Sie nur über 21,95 Dollar verkaufen werden. Sie könnten also einen Stoppkurs bei 22 Dollar und eine Limit-Order bei 22 Dollar setzen, sodass die Order bei 22 Dollar ausgelöst wird, aber dann muss die Aktie trotzdem mindestens 22 Dollar kosten, sonst wird die Order nicht ausgeführt. Wie bei jeder Order sagen Sie dem Computer, der die Trades abwickelt, dass Sie darauf bestehen, diesen Preis und keinen Penny weniger zu bekommen. Wenn sich der Markt schnell bewegt, steigen allerdings die Chancen, dass Sie keine Ausführung bekommen.

Zusammenfassend ist zu sagen, dass Sie bei einer Stop-Loss-Market-Order zwar eine Ausführung bekommen, aber den exakten Preis nicht kennen. Bei einer Stop-Limit-Order ist Ihnen zwar ein bestimmter Preis garantiert, aber es kann sein, dass die Order nicht ausgeführt wird, weil der Preis nicht vorkommt.

EINE SCHLAUE ART, SICH GEWINNE ZU SICHERN: NACHGEZOGENE STOPPS/„TRAILING STOPS"

Eine Order mit nachgezogenen Stopps, die in Dollar oder prozentual eingegeben werden, ist eine ausgefeiltere Art, seine Gewinne mitzunehmen und seine Verluste zu minimieren. Der Trailing Stop läuft hinter einem steigenden Aktienkurs her. Er ist ideal für Trader, die keine neuen Orders aufgeben und alte streichen wollen.

Das funktioniert so: Sie kaufen eine Aktie für 20 Dollar und geben eine nachgezogene Stopp-Order über einen Dollar ein. Nach jedem Penny, um den die Aktie steigt, steigt auch der nachgezogene Stopp um einen Penny. Wenn die Aktie beispielsweise auf 21 Dollar steigt, trottet der nachgezogene Stopp hinterher und wird nach oben angepasst.

Wenn dann die Aktie auf 20 Dollar fällt, wird eine Order ausgelöst, und zwar eine Markt-(oder Limit-)Verkaufsorder. Anstatt eines Dollarbetrags können Sie auch einen Prozentsatz eingeben, zum Beispiel ein oder zwei Prozent. Der nachgezogene Stopp wird nur nach oben angepasst, sodass er Ihre Gewinne sichert, er ändert sich hingegen nicht, wenn die Aktie sinkt, sodass er auch die Verluste minimiert.

Der nachgezogene Stopp sichert zwar recht effektiv Gewinne, wenn diese groß sind, aber wenn man auf kleine Gewinne tradet, bringt er nicht viel. Außerdem kann es bei sehr volatilen Aktien sein, dass die Trailing-Stop-Order zu schnell ausgelöst wird.

Wie gesagt, am besten experimentieren Sie auf einem Übungskonto mit dem nachgezogenen Stopp herum. Solche Übungssitzungen sind ihre Zeit locker wert.

Der beste Rat: Lernen Sie, wie diese Orders funktionieren, *bevor* Sie Ihren ersten Trade platzieren.

Beachten Sie, dass Sie auch eine *Limit-*Order mit nachgezogenem Stopp aufgeben können, mit der Sie Ihre Order noch mehr unter Kontrolle haben. Durch eine Market-Order mit Trailing Stop werden Sie die Aktie definitiv los, während eine Limit-Order mit nachgezogenem Stopp vielleicht gar nicht ausgeführt wird.

EINE SCHLAUE ALTERNATIVE: PREISBENACHRICHTIGUNGEN

Wenn Sie Bedenken haben, dass Stop-Loss-Orders zu dauerhaft und mentale Stopps zu locker sind, probieren Sie einmal diese flexible Alternative aus: die Preisbenachrichtigung. Viele Profis benutzen beim Management ihrer Orders mit Erfolg Preisbenachrichtigungen.

Das geht ganz einfach: Sie beauftragen Ihre Brokerfirma, Sie via E-Mail, Telefon oder akustischem Computersignal davon in Kenntnis zu setzen, wenn eine bestimmte Aktie ein bestimmtes Preisziel erreicht hat. Das heißt, Sie können bereits vor dem Kauf einer Aktie automatische Preisbenachrichtigungen für Einstiegs- und Ausstiegspunkte einstellen. Die Meldungen sagen Ihnen, wann Ihre Zielkurse für den Kauf oder Verkauf erreicht wurden.

Wenn Sie sich beispielsweise für eine bestimmte Aktie interessieren, aber das Gefühl haben, dass sie überteuert ist, können Sie eine Preisbenachrichtigung für einen vernünftigeren Preis einstellen. Viele disziplinierte Trader halten Benachrichtigungen für eine hervorragende Alternative zum Platzieren harter Stopps.

FÜR AUSGEFUCHSTE TRADER: BEDINGTE ORDERS

Wenn Sie noch mehr Kontrolle über Ihre Orders haben wollen, könnten bedingte Orders infrage kommen. Die entsprechenden Anweisungen können so einfach oder so kompliziert sein, wie Sie wollen.

Mit einer bedingten Order können Sie beispielsweise gleichzeitig zwei Orders für die gleiche Aktie platzieren. Wenn Ihre Aktie 20 Dollar kostet, können Sie beispielsweise eine OCO-Order („One Cancels the Other"; die eine streicht die andere) platzieren, die aus einem Verkaufs-Stop-Loss bei 19 Dollar und einer Verkaufs-Limit-Order bei 22 Dollar besteht. Die Order, die zuerst getriggert wurde, wird ausgeführt und die andere wird gestrichen. Dieser Order-Typ ist für manche Trader ideal, denn er zwingt sie dazu, einen Trading-Plan mit konkreten Preiszielen zu haben. Sie können bedingte Orders aller Art platzieren. Ein Bekannter von mir platziert beispielsweise zeitlich bedingte Orders. Er gibt eine bedingte Order dergestalt ein, dass sie nur dann ausgeführt wird, wenn der Handel bereits seit mindestens zehn Minuten eröffnet ist. Auf diese Art entgeht er den gefährlichen morgendlichen Aufwärtsgaps. Wenn Sie mehr Erfahrung mit bedingten Orders sammeln, kommen Sie vielleicht selbst auf neue kreative Kombinationen (nicht jede Brokerfirma akzeptiert alle Arten von bedingten Orders, also fragen Sie auf jeden Fall vorher nach).

ANDERE ORDER-WAHLMÖGLICHKEITEN

Sie haben beim Platzieren einer Order noch andere Wahlmöglichkeiten. Zum Beispiel könnte das Klappmenü in Ihrem Order-Fenster den Punkt *GTC* („Good 'Til Cancelled") enthalten. Da manche Broker Orders nur bis zum Ende des Tages offen lassen, weist eine solche Order die Brokerfirma ausdrücklich an, die Order so lange aktiv zu lassen, bis Sie sie streichen. Allerdings werden Sie als Daytrader wahrscheinlich nicht so oft oder nie GTC-Orders verwenden.

Sie können auch *AON* („All Or None") wählen, was bedeutet, dass entweder die ganze Order oder nichts davon ausgeführt werden soll. Dies verhindert, dass eine Order nur teilweise ausgeführt wird, 100 Aktien hier oder 100 Aktien da. Am nützlichsten dürfte diese Variante bei dünn gehandelten Aktien sein, bei denen man möchte, dass entweder die gesamte Order erfüllt wird oder dass der ganze Trade entfällt. Die meisten Trader kreuzen dieses Kästchen eher nicht an und sind bereit, Teilausführungen zu akzeptieren.

EINE VERKAUFSSTRATEGIE HABEN

Denken Sie daran: Sie sollten eine Verkaufsstrategie haben. Viele Trading-Neulinge – und auch viele erfahrene Trader – verbringen den größten Teil ihrer Zeit damit, dass sie über Aktien nachdenken, die sie kaufen könnten, aber für den Verkaufszeitpunkt bringen sie wenig Zeit auf. Manche Trader machen Verlust, weil sie keinen Verkaufsplan haben und stattdessen spontan entscheiden.

An der Wall Street gibt es den beliebten Spruch „Begrenze deine Verluste und lass deine Gewinne laufen." Als Daytrader können Sie sich allerdings nicht den Luxus leisten, Ihre Gewinne allzu lange laufen zu lassen. Sobald Ihre Gewinnziele erfüllt sind, sollten Sie so schnell wie möglich aus der Aktie aussteigen.

Erinnern Sie sich an das, was ich am Anfang dieses Kapitels geschrieben habe: Sie sollten drei Zahlen parat haben, wenn Sie in den Markt einsteigen: den Einstiegspreis, einen Stopp-Preis und einen Zielpreis für den Verkauf. Bevor man den Markt betritt, muss man wissen, wie man wieder herauskommt.

Als Daytrader brauchen Sie vielleicht auch ein zeitliches Ziel. Das kann eine Stunde sein, aber höchstwahrscheinlich steigen Sie bis zum Ende des Handelstages aus.

Ich werde Ihnen jetzt meine fünf Verkaufsrichtlinien vorstellen, die auf Hunderten Gesprächen mit Tradern sowie auf meiner persönlichen Erfahrung basieren. Verwenden Sie diejenigen, die Ihnen sinnvoll erscheinen, und ignorieren Sie die anderen.

FLEXIBLE ZIELKURSE SETZEN

Das Setzen von Kurszielen kann eine Herausforderung sein. Auf der einen Seite möchte man realistische Kursziele setzen, die auf der

Technischen Analyse basieren. Auf der anderen Seite muss man für den Fall flexibel sein, dass der Markt nicht mitspielt. Nichtsdestoweniger ist der exakte Zielkurs eine persönliche Entscheidung.

Was immer Sie auch tun – verweigern Sie nicht die Gewinnmitnahme, nur weil Ihr Kursziel um ein paar Groschen verfehlt wurde. Das passiert ganz oft: Trader weigern sich, einen Gewinn mitzunehmen, weil sie noch ein paar Pennys mehr aus einer Gewinneraktie herausquetschen wollen. Und dann, mir nichts, dir nichts, wendet die Aktie und sie verlieren ihren gesamten Gewinn wieder (außer wenn sie nachgezogene Stopps verwenden, natürlich). Als Daytrader nimmt man seine Gewinne mit und macht sich anschließend aus dem Staub.

BEIM ANBLICK DER ERSTEN KAKERLAKE VERKAUFEN

Die beliebte Kakerlakentheorie gilt für fast alles im Leben, aber ganz besonders für das Trading. In der Welt des Tradings bedeutet das: Sobald Sie etwas von Problemen hören oder sehen, die Ihre Aktie betreffen, gehen Sie davon aus, dass das erst der Anfang ist. Anders gesagt: Wenn Sie eine Kakerlake sehen, verstecken sich wahrscheinlich viele weitere im Hintergrund.

Als Daytrader müssen Sie schnell reagieren, wenn schlechte Nachrichten über ein Unternehmen oder vielleicht über den betreffenden Sektor kommen. Begehen Sie nicht den üblichen Anlegerfehler, darauf zu hoffen, dass sich negative Nachrichten in Luft auflösen werden. Wahrscheinlicher ist es nämlich, dass weitere schlechte Nachrichten folgen werden.

Halten Sie sich neben der Kakerlakentheorie noch an diesen Ratschlag: „When in doubt, get out." Ein Trader hat mir einmal gesagt, wenn man zum ersten Mal ans Verkaufen denkt, dann sei das der Punkt, an dem man verkaufen sollte. Wenn Sie hinsichtlich einer Aktie unsicher sind oder irgendwelche Zweifel haben, steigen Sie entweder komplett aus oder verkleinern Sie Ihre Position. Vergessen Sie nicht, dass Sie die Aktie morgen immer noch zurückkaufen können.

HALTEN SIE NACH EMOTIONALEN VERKAUFSSIGNALEN AUSSCHAU

Das ist mein persönliches Lieblingsthema, weil ich das bei mir und bei anderen Tradern schon so oft erlebt habe. Sobald Sie Ihre Profite zählen, sich mit Ihren Freunden abklatschen oder jedem erzählen, Sie seien ein Börsengenie, wird es Zeit, zu verkaufen oder eine Trailing-Stop-Loss-Order aufzugeben.

In meinem vorigen Buch „Understanding Options" (McGraw-Hill 2006) habe ich von einem Freund und Neuling geschrieben, der innerhalb eines Tages mit Optionen 130.000 Dollar verdient, aber nicht verkauft hat, weil er sicher war, die zugrunde liegende Aktie würde noch weiter steigen.

Der Schuldige war natürlich die Gier, aber er merkte das erst im weiteren Verlauf der Woche, als er seinen gesamten Gewinn und noch mehr verloren hatte. Wie schon gesagt, wenn sich ein Gewinn in Verlust verwandelt, ist das sehr schmerzhaft. Ich glaube, mein Freund hat sich von diesem Fehler nie wieder erholt.

Nebenbemerkung: Wenn Sie das Gefühl haben, Sie werden bezüglich des Tradings zu emotional, dann ist das vielleicht ein Zeichen, dass Sie eine Pause brauchen oder eine andere Möglichkeit finden müssen, Geld zu verdienen. Es ist gar nicht so leicht, vor einem Computerbildschirm zu sitzen und ihn anzustarren, deshalb empfehle ich, viele Trading-Pausen einzulegen, wenn Sie gerade keine Orders oder Positionen offen haben. Außerdem: Wenn Sie eine Serie schlechter Trades haben und Ihr Selbstvertrauen sinkt, ist das ebenfalls ein Zeichen dafür, dass Sie Sport treiben, Urlaub machen oder eine Weile etwas anderes als Trading machen müssen. Wenn man daytraden will, ist es unerlässlich, dass man seine Emotionen unter Kontrolle hat.

GESTAFFELT AUS POSITIONEN AUSSTEIGEN (SCALING OUT)

Jeder hat für den Aktienverkauf eine andere Strategie. Manche Trader verkaufen gern alle Aktien in einem Trade. Andere steigen lieber gestaffelt aus einer Position aus, das heißt, sie verkaufen erst einen Teil der Position, vielleicht die Hälfte, und wenn der Gewinn wächst, verkaufen sie mehr.

Der Vorteil des gestaffelten Ausstiegs ist, dass dadurch ein Teil des Gewinns sofort gesichert wird. Der Nachteil ist, dass das Gebühren fressen kann, und für manche Menschen ist es zu kompliziert, mit mehrfachen Trades herumzujonglieren. Wenn Sie den gestaffelten Ausstieg nicht richtig bewältigen, steigen Sie besser auf einen Schlag aus dem Trade aus. Vielleicht lautet der beste Ratschlag, dass man den gestaffelten Ausstieg aus einer Position üben sollte, damit man Erfahrung damit sammelt.

Der gestaffelte Ausstieg ist einer der Gründe, weshalb professionellen Tradern Gebühren pro Aktie lieber sind als pro Trade. Wenn man ständig gestaffelt Positionen aufbaut und abbaut, können pro Trade berechnete Transaktionsgebühren kostspielig werden, während Transaktionsgebühren pro Aktie weniger teuer sind.

Nebenbei gesagt könnte es für Anfänger sinnvoller sein, gestaffelt in Positionen *ein*zusteigen. Anstatt gleich alle 100 Aktien auf einmal zu kaufen, kaufen Sie für den Anfang nur 50 Aktien. Wenn der Trade dann in die gewünschte Richtung läuft, können Sie auch die restlichen 50 Aktien hinzunehmen.

MACHEN SIE AUS EINEM VERLUST NIE EINE ANLAGE

Ein Fehler, den Sie niemals begehen sollten, ist die Umwandlung einer verlustbringenden Aktie in eine Anlage – also dass Sie eine Aktie über Nacht behalten und hoffen, dass sie zurückkommt. Das tut sie nämlich fast nie! Wenn Sie als Daytrader eine Verliereraktie haben, verkaufen Sie diesen Verlierer vor dem Ende des Tages. Das ist eine der besten Möglichkeiten, Verluste zu begrenzen.

WIE MAN VERKAUFT

Nachdem Sie nun ein paar Verkaufsrichtlinien gelernt haben, machen wir weiter und verkaufen unsere Aktie mit Gewinn (zumindest in diesem Beispiel). Wir öffnen unser Trading-Fenster und werfen einen Blick auf den aktuellen Geld- und Briefkurs (siehe **Abbildung 5.4**).

ABB. 5.4: DAS VERKAUFSORDER-FENSTER

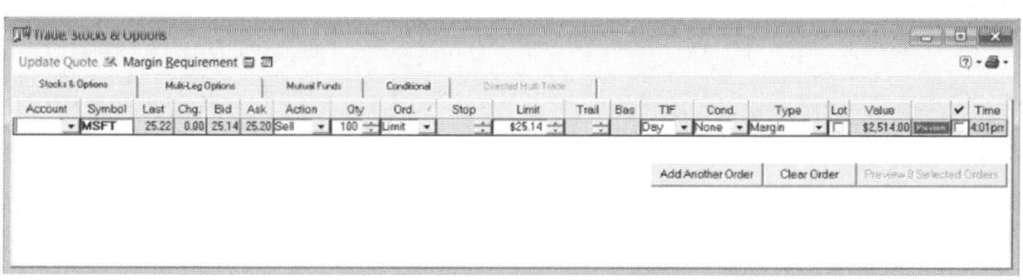

Nur zu Illustrationszwecken. Quelle: Fidelity Investments.

Nachdem wir Microsoft für 24 Dollar gekauft haben, verkaufen wir jetzt die Aktie zum aktuellen Geldkurs von 25,14 Dollar. Unser Gewinn beträgt 1,14 Punkte x 100 Aktien, was ungefähr 114 Dollar ergibt.

Wir hätten die Aktie zwar für ein paar Pennys mehr als den aktuellen Geldkurs verkaufen können, aber wir haben beschlossen, nicht um ein paar Pennys zu feilschen und mit einem Punkt Gewinn zu verkaufen. Nachdem wir auf die Vorschau-Schaltfläche geklickt haben, um zu überprüfen, ob die Order korrekt ist, platzieren wir sie und sie wird innerhalb von Sekunden ausgeführt.

Wenn Sie von noch größeren Gewinnen träumen, lernen Sie zuerst mal die Grundlagen. Der Sinn dieser relativ kleinen Trades besteht darin, Ihr Selbstvertrauen aufzubauen, dass Sie die Feinheiten von Orders für den Einstieg und den Ausstieg lernen und dass Sie lernen, das Risiko zu managen. Das ist sozusagen Ihr Lehrgeld. Wenn Sie kleine Aktienmengen traden und keine Margin verwenden, können Sie wertvolle Lehren daraus ziehen, ohne einen zu großen Teil Ihres Portfolios zu riskieren.

MIT OPTIONEN TRADEN

Als informierter Trader muss man unbedingt lernen, wie man Optionen kauft und verkauft. Sie können Optionen einsetzen, um Ihr Aktienportfolio abzusichern oder zu hedgen, um zu spekulieren oder um Einkünfte zu generieren. Lassen Sie uns kurz drei grundlegende Optionsstrategien durchgehen.

GEDECKTE CALLS VERKAUFEN

Wenn ein Anleger eine Long-Position der zugrunde liegenden Aktie besitzt, verkauft er gedeckte Calls auf diese Aktien (oder schreibt sie oder stellt sie aus), um daraus Einkünfte zu beziehen. Nehmen wir an, Sie besitzen 100 Aktien von XYZ. Dann verkaufen Sie einem Optionskäufer eine *Call-Option* (ein Call entspricht 100 Aktien). Der Käufer bezahlt eine Prämie (in bar) für das Recht, diese 100 Aktien zu einem vereinbarten Preis (dem Ausübungspreis oder Strike) zu kaufen. Sie bekommen vorab die Barzahlung und der Optionskäufer das Recht, die betreffende Aktie zu kaufen.

Ein Beispiel: Sie besitzen Aktien der XYZ Corporation, die derzeit 33 Dollar pro Aktie kostet. Sie verkaufen einen gedeckten Call mit einem Ausübungspreis von 35 Dollar pro Aktie. Wozu eine Option verkaufen? Des Geldes wegen. Die Barprämie (der Betrag hängt vom Preis der Call-Option ab, der sich ständig ändert) dürfen Sie behalten. Wenn der Aktienkurs innerhalb eines bestimmten Zeitraums (der sich auf Tage bis Jahre belaufen kann) steigt, müssen Sie die Aktien möglicherweise verkaufen. Das passiert, wenn die Aktie zum Verfallsdatum über 35 Dollar steht. Wenn der Aktienkurs hingegen sinkt, verfällt die Option zwar wertlos, aber Sie können die Prämie trotzdem behalten. Und da Sie ja die Aktie immer noch besitzen, haben Sie möglicherweise unrealisierte Buchgewinne. Auf jeden Fall hilft die Prämie, die Sie bekommen haben, etwaige Verluste auszugleichen.

Diese flexible, kostengünstige Strategie wird seit Jahren eingesetzt, um zusätzliche Rendite oder zusätzlichen Cashflow zu erzielen. Dabei vermietet man gewissermaßen seine Aktien an andere Menschen und diese bezahlen einen für dieses Privileg. Diese Strategie hat einen doppelten Zweck: Sie erhöht den Gewinn und bietet einen gewissen Schutz gegen Verluste.

Manche Menschen kaufen bestimmte Aktien, damit sie im Voraus Geld bekommen (die Prämie). Als ideale Aktien für die Strategie der gedeckten Calls gelten solche, die neutral bis leicht bullish sind. Dabei gibt es Risiken. Wenn zum Beispiel die zugrunde liegende

Aktie unter den Wert des gedeckten Calls fällt, den man verkauft hat, ist der Schutz weg. Deshalb empfehle ich, gedeckte Calls auf Aktien zu verkaufen, die nicht sehr volatil sind.

OPTIONSKAUF ZU SPEKULATIONSZWECKEN

Einer der Gründe, aus denen manche Trader Optionen kaufen, ist die Spekulation. Zwar machen wahrscheinlich die meisten Spekulanten Verlust, aber den genauen Prozentsatz kennt niemand wirklich. Um zu spekulieren, kann man entweder Puts (wenn man glaubt, dass die Aktie fällt) oder Calls (wenn man glaubt, dass die Aktie steigt) kaufen. Der Kauf von Calls und Puts funktioniert auf die gleiche Art, allerdings kauft man sie aus völlig verschiedenen Gründen.

Wenn man einen Call kauft, erwartet man, dass der Preis der zugrunde liegenden Aktie steigt, also ist der Kauf von Calls eine bullishe Strategie. Damit der Käufer davon profitiert, muss er mit der Richtung und dem Zeitpunkt richtig liegen.

Beispiel für den Kauf eines Calls:

1. Man kauft eine März-Option von Daytrader, Inc. zu 20. Die Option hat einen Ausübungspreis oder Strike von 20 und wird am dritten Freitag im März fällig. Sie kostet 3,30 Dollar pro Kontrakt, also insgesamt 330 Dollar, zuzüglich Gebühren.
2. Wenn Daytrader, Inc. über 20 Dollar je Aktie (den Ausübungspreis) steigt, erhöht sich der Wert der Option. Je weiter die Aktie über den Ausübungspreis steigt, desto mehr ist die Option wert.
3. Wenn die Option zum Ausübungsdatum (dem dritten Freitag im März) oder davor deutlich über dem Ausübungspreis steht, kann man sie wahrscheinlich mit Gewinn verkaufen. Wenn sie vor dem Ausübungsdatum unter dem Ausübungspreis steht,

macht man Verlust (allerdings besteht dann immer noch eine kleine Chance, dass die Aktie sehr schnell steigt und daraus einen Gewinn macht).

Der Hauptvorteil von Calls ist, dass man damit auf Aktien spekulieren kann, die man gar nicht besitzt, und dass das eventuell relativ billig ist. Außerdem kann man mit Calls höchstens das verlieren, was man investiert hat. Ein weiterer Vorteil ist, dass der Optionskauf oft weniger riskant ist als der Aktienbesitz, vor allem wenn die Aktie nicht steigt, sondern fällt.

Da manche Call- und Put-Optionen so volatil sind, ist die Spekulation mit ihnen häufig schwieriger als der Kauf und Verkauf von Aktien. Wenn man spekulieren will, sind Optionen trotzdem ein faszinierendes Investment, allerdings braucht man etwas Zeit, um sie vollständig zu durchschauen.

MIT OPTIONEN HEDGEN

Man kann aber nicht nur Calls, sondern auch Puts kaufen. Für den Kauf von Puts gibt es hauptsächlich zwei Gründe. Der eine ist Spekulation, der andere Schutz. Eine beliebte Hedging-Strategie besteht beispielsweise darin, sogenannte „Protective Puts“ zu kaufen. Ein Protective Put funktioniert etwa wie eine Versicherung für Long-Positionen. Wenn man aus diesem Grund einen Put kauft, ist das so ähnlich, als würde man eine Versicherung für sein Haus kaufen, bevor sich ein Hurrikan nähert.

Vielleicht fragen Sie sich, warum man dann nicht einfach einen Stop-Loss setzt oder die betreffende Aktie verkauft. Joe Harwood, Manager des Helpdesks des Option Industry Councils (OIC), erklärt das so: „Was passiert, wenn der Handel unterbrochen wird und die

Aktie dramatisch fällt?“ Oder: „Vielleicht haben Sie einen Börsengang gezeichnet oder haben eine Aktie, für die es Verkaufsbeschränkungen gibt. Manche Anleger wollen auch aus Steuergründen unrealisierte Gewinne schützen, vor allem wenn eine Aktie erheblich gestiegen ist. Wenn die Aktie dann fällt, kann der Wert des Puts steigen, was einen Teil der Kursverluste ausgleichen würde.“

Laut Harwood ist es zwar nicht immer billig, Puts zu kaufen, aber sie sind eine effektive Möglichkeit, sich nach unten abzusichern. Außerdem sagt er: „Das ist eine Möglichkeit, sein Portfolio zu hedgen. Das kostet zwar Geld und zehrt am Gesamtertrag, aber es kann einem helfen, seine Anlage zu schützen.“

Nichtsdestotrotz muss man vor dem Kauf eines Protective Puts eine Reihe von Faktoren berücksichtigen. Mark Wolfinger, der Herausgeber des Blogs *Options for Rookies*, hält den Kauf von Puts zwar ebenfalls für eine vernünftige Strategie, allerdings mit gewissen Vorbehalten: „Protective Puts sind dann in Ordnung, wenn sie relativ billig sind.“

Wolfinger erkennt zwar an, dass Protective Puts für manche Anleger sinnvoll sind, aber sein hauptsächlicher Einwand sind die Kosten: „Es gibt einen Punkt, an dem logisch denkende Anleger merken, dass sie zu viel bezahlen. Ich habe dafür keine exakte Zahl, aber wenn man im Jahr 20 bis 30 Prozent für den Schutz einer Aktie bezahlt, ist das zu teuer, denn dann ist die Wahrscheinlichkeit gering, dass man mit dieser Aktie noch Gewinn macht. Wenn es für fünf Prozent im Jahr geht, würde ich es mir überlegen.“

Nach seiner Aussage kaufen manche Menschen kontinuierlich Protective Puts, das heißt, sie verlängern sie alle drei Monate. „Bei einem Crash ist es beispielsweise so, dass Protective Puts zwar funktionieren, dass sie aber sehr teuer sein können. Damit man in diesem Fall Gewinn macht, muss die Aktie eben um 20 Prozent steigen, sodass sie die Versicherungskosten überwindet. Und das ist unwahrscheinlich.“ Die beste und einfachste Hedge bestünde nach seiner Aussage darin, einen Teil der Aktien zu verkaufen.

DER VOR- UND NACHBÖRSLICHE HANDEL

Der vor- und nachbörsliche Handel ist der Wilde Westen des elektronischen Handels. Nachdem der reguläre Handel geschlossen hat (16:00 Uhr New Yorker Zeit), handeln vor allem professionelle Trader. Der außerbörsliche Handel endet um 8:00 Uhr New Yorker Zeit.

Wenn Sie Trading-Anfänger sind, sollten Sie sich nicht allzu oft in den außerbörslichen Handel begeben. Für Profis kann er zwar nützlich sein, aber Neulinge kann er einschüchtern. Im Gegensatz zum offiziellen Handel sind in dieser Zeit die Spreads zwischen Geld- und Briefkurs oft sehr hoch – manchmal wahnsinnig hoch. Warum? Weil es dann so wenige Käufer und Verkäufer gibt, die ihre Geld- und Briefkurse anzeigen lassen. Um diese Kurse anzuzeigen, benutzen die Trader sogenannte ECNs (Electronic Communication Networks).

ECNs fungieren als elektronische Vermittler. Hinter den Kulissen führt ein Computernetzwerk die Kauf- und Verkaufsorders zusammen. Wenn man den Fehler begeht, im nachbörslichen Handel eine Order aufzugeben, ohne den angemessenen oder fairen Preis zu kennen, kann man Verlust machen.

Wenn man hier mitmischt, muss man unbedingt Limit-Orders verwenden (Orders an eine Brokerfirma, die konkrete Preise für den Kauf oder Verkauf der Wertpapiere angeben). Mithilfe von Limit-Orders können sich uninformierte Trader davor schützen, dass sie richtig schlechte Preise bekommen.

Doch selbst wenn man Limit-Orders einsetzt, ist es nicht leicht, den fairen Preis herauszufinden – das ist ein weiterer Grund, weshalb der vor- und nachbörsliche Handel eine schwierige Handelsumgebung ist.
Ein weiterer Nachteil des außerbörslichen Handels ist die mangelnde Liquidität, denn dadurch wird es schwierig, eine Aktie zu bekommen oder sie loszuwerden.
Im Unterschied zum offiziellen Handel, in dem täglich Milliarden Aktien gehandelt werden, werden vor- und nachbörslich nur wenige Millionen gehandelt.
Wenn Sie am vor- und nachbörslichen Handel teilnehmen wollen, müssen Sie auf jeden Fall die Regeln verstehen. Fragen Sie Ihren Broker nach Anleitungen. Bedenken Sie, dass manche Vorschriften, die während des regulären Handels gelten, im vor- und nachbörslichen Handel nicht eingehalten werden müssen.
Grundsätzlich ist der außerbörsliche Handel für Trading-Anfänger zu riskant, und das ist neben der englischen Bezeichnung „After-Hour Market“ ein weiterer Grund, weshalb er als „AH“ bezeichnet wird: „Amateur Hour“.
In Anbetracht der wilden Kursausschläge und der hohen Geld-Brief-Spannen empfehle ich, dass Sie zunächst lernen, im offiziellen Handel zu traden.

TEIL 2

WIE DAYTRADING WIRKLICH IST

Glückwunsch! Sie haben Teil 1 fertig gelesen. Dort ging es um die Mechanik des Handels, die zwar wichtig ist, aber nur ein kleiner Teil des Prozesses. Wenn Sie als Daytrader erfolgreich sein wollen, müssen Sie diszipliniert sein und sich konsequent an eine Reihe von Kauf- und Verkaufsregeln halten. Wenn man seine eigenen Regeln für den Ein- und Ausstiegszeitpunkt oder für das Positionsmanagement konsequent ignoriert, ist man nicht sehr diszipliniert.

Eines sollten Sie über das Dasein als Trading-Neuling wissen: Sie werden Geld verlieren. Ja, so ist es, an normalen Tagen oder in normalen Wochen haben Sie wahrscheinlich mehr verlust- als gewinnbringende Trades. Das ist der Preis, den man als Anfänger bezahlt. Ich weiß, dass manche Trader, die in den Markt einsteigen, von vornherein damit rechnen, dass sie täglich oder wöchentlich 200 oder 500 Dollar verdienen. Ich sage Ihnen an dieser Stelle, dass das einfach kein realistisches Ziel ist. Wenn Sie 20 Prozent im Jahr schaffen, übertreffen Sie schon die überwältigende Mehrheit der professionellen Trader. Eigentlich ist es schon fantastisch, wenn Sie nach dem ersten Jahr noch genug Geld haben, um mit dem Trading weiterzumachen. Bis dahin haben Sie einen Doktorgrad im Fehlermachen – diesen Titel verdient sich fast jeder Trader im ersten Jahr.

Ab jetzt nehme ich Sie mit an die Front zu den Daytradern, damit Sie lernen, wie man die ganzen Werkzeuge benutzt, um damit profitable Trades zu tätigen.

KAPITEL 6

EIN SCHLECHTER TRADE

Um mich ein wenig von anderen Autoren abzuheben, habe ich beschlossen, Ihnen anhand des wirklichen Lebens zu vermitteln, wie es ist, einen richtig schlechten Trade zu tätigen. Würde ich einfach nur Regeln auflisten, könnten Sie nicht nachempfinden, wie es ist, ein undisziplinierter Trader zu sein.

Deshalb habe ich das vorliegende Kapitel in Form einer Erzählung verfasst, die auf der größtenteils wahren Geschichte eines Trading-Frischlings basiert. Leider haben Tausende anderer Trader zu verschiedenen Zeiten ähnliche Erfahrungen gemacht. Ich hoffe, dass es Ihnen hilft, diese Fehler zu vermeiden, wenn Sie davon lesen. Doch im Normalfall müssen die meisten Trader diese harten Lektionen selbst erfahren. Mein Ziel ist es, Ihnen das zu ersparen.

Hal (Name geändert) hatte zwar von seiner Familie schon viel über den Aktienmarkt gelernt, aber er hatte erst eine Handvoll Trades getätigt, größtenteils Investitionen in bekannte Unternehmen wie IBM oder Apple.

Hal war Kellner in einem Restaurant und hatte von anderen Kellnern sowie von Gästen gehört, es sei möglich, mit dem Aktienhandel zehn Prozent Gewinn im Jahr zu erzielen. Andere Kellner behaupteten, sie würden mit dem Daytrading von zu Hause aus täglich 200 bis 300 Dollar verdienen. Hal kam es wie ein Traum vor, 200 Dollar am Tag oder 50.000 Dollar im Jahr zu verdienen. Dann bräuchte er nicht mehr in Vollzeit zu arbeiten und könnte sich aufs Geldverdienen konzentrieren, und das ganz bequem von zu Hause aus.

Je mehr Hal über das Trading nachdachte, desto besser gefiel ihm die Idee. Als ein Kellner in einem nagelneuen Wagen vorfuhr, den ihm das Traden ermöglicht hatte, war Hal überzeugt, dass er es probieren musste. Er wollte sein Einkommen durch den Aktienhandel aufbessern. Er fing an, Börsensendungen zu schauen, sich in Chatrooms aufzuhalten und Blogs zu lesen. Er las sogar ein paar Bücher über Trading.

DER TIPP

Bei der Arbeit kam Hal mit einem Stammgast ins Gespräch, Herrn Morgan (Name geändert), der den Eindruck machte, als habe er viel Geld. Herr Morgan fuhr ein schönes Auto und hatte eine Eigentumswohnung am Strand. Morgan hatte Hal gesagt, vom Aktienhandel könne man gut leben. „Ich lebe vom Aktienhandel“, hatte Morgan erklärt. „Ich bin professioneller Daytrader.“

Der Aktienmarkt stieg schon seit ein paar Jahren, war allerdings in den letzten Monaten extrem volatil geworden. Vielen Tradern erschien das als gute Gelegenheit, Schnäppchen einzusammeln. Hal hatte da eine günstige Aktie im Auge, die er für nur sieben Dollar bekommen könnte. Sofort erzählte er Herrn Morgan von dieser Idee.

„Lassen Sie die Finger von solchen Aktien", sagte dieser. „Die hat kein Volumen und eine schwache Vorgeschichte."

Hal aber wollte unbedingt am Markt mitmischen. „Und was empfehlen Sie dann?"

„Ich arbeite mit einer Gruppe professioneller Trader zusammen", sagte Morgan, „aber zuerst müssen Sie versprechen, dass Sie niemandem etwas von meinen Trades erzählen."

Hal sagte: „Das verspreche ich."

„Okay, uns gefällt die Citigroup als Positionstrade so richtig gut", sagte Morgan fast flüsternd. „Die Aktie hat 50 Dollar gekostet, jetzt steht sie auf 38. Wir halten das für eine gute Kaufgelegenheit."

Hal war von der Citigroup beeindruckt, einer der bekanntesten Banken des Landes. Er schaute im Internet nach, was andere Analysten von diesem Unternehmen hielten. Die übereinstimmende Einstellung war positiv. Es gefiel allen. Für 38 Dollar schien die Citigroup ein Schnäppchen zu sein.

„Und wie viele Aktien sollte ich kaufen?", fragte Hal.

„Das liegt ganz bei Ihnen", sagte Morgan. „Ich habe mir 4.000 ins Depot gelegt."

Viertausend Aktien! Das würde Hal 152.000 Dollar kosten und diesen Geldbetrag konnte er unmöglich beschaffen.

„Und wenn ich 1.000 Aktien kaufen würde?", fragte Hal.

„Das wäre ein guter Anfang", erwiderte Morgan. „Wir erwarten, dass die Aktie in naher Zukunft wieder auf 50 Dollar steigt."

Das wäre ein Gewinn von zwölf Punkten! Hal genoss die Vorstellung, innerhalb weniger Wochen 12.000 Dollar zu verdienen. Als Kellner könnte er niemals so viel Geld heranschaffen.

Hal hatte sein Kellnerdasein satt, er wollte unbedingt am Aktienmarkt absahnen. Da er nachts arbeitete, könnte er tagsüber traden und trotzdem rechtzeitig zur Nachtschicht auf der Arbeit sein.

Sein größtes Problem war die Finanzierung seines Depots. Er hatte zwar schon 5.000 Dollar angespart, aber um 1.000 Aktien zu 38 Dollar zu kaufen, brauchte er viel mehr Geld. Als Erstes belastete er seine Kreditkarte mit 5.000 Dollar. Dann bat er seine Eltern um Geld, aber sein Vater hatte eine bessere Idee: Er war bereit, Hals Namen auf sein Trading-Konto einzutragen, wenn dieser den Gewinn mit ihm teilen würde. Die beiden Männer fuhren zur Brokerfirma und unterschrieben die nötigen Antragsformulare. Hal freute sich, als er einschließlich Einschusskredit Zugang zu 100.000 Dollar hatte – mehr als genug, um 1.000 Aktien der Citigroup zu kaufen.

Am Wochenende darauf ging Hal in den Buchladen und holte sich ein paar Bücher über Trading. Außerdem kaufte er einen riesigen 21-Zoll-Monitor und zwei super Steckdosenleisten mit Überspannungsschutz. Außerdem kaufte er *Investor's Business Daily*, das *Wall Street Journal* und *Barron's*. Er war willens und bereit, Trader zu werden.

Als seine Schicht am Sonntagabend vorbei war, ging er schlafen, und als er um 9:00 Uhr aufwachte, wollte er unbedingt seinen ersten Trade platzieren. Er war von der Aussicht begeistert, schnelle 12.000 Dollar zu verdienen. Er rief seine Freundin an und sagte ihr, wenn er die Aktien gewinnbringend verkauft hätte, würden sie im Sommer nach Paris fliegen. Hal startete das Programm der Brokerfirma. Die Charts und all die sonstigen Informationen verwirrten ihn. Das sah zwar ganz lustig aus, aber es verwirrte ihn. Er rief die Brokerfirma an, um sich bei den Eingabefenstern helfen zu lassen, und er schickte mehrere E-Mails an Morgan, bevor der Handel eröffnete.

DER ANSTIEG

Seinen ersten Trade platzierte Hal um 9:40 Uhr, also zehn Minuten nach Handelsbeginn. Gleich zu Anfang schnellte Citigroup ein paar Punkte nach oben und das überzeugte Hal davon, dass die Aktie weiter steigen würde. Er gab eine Market-Order über 1.000 Aktien ein, während Citigroup noch stieg. Er kaufte 1.000 Aktien zu 40,50 Dollar. Kosten: 40.500 Dollar.

Zunächst legte Citigroup weitere zwei Punkte zu, auf 42,08 Dollar, sodass Hal einen Buchgewinn von mehr als 1.500 Dollar hatte. Das war mehr Geld, als er als Kellner je an einem Tag verdient hatte. Er dachte daran, zu verkaufen, aber er wollte keinen einfachen Treffer, sondern einen Volltreffer.

„Wenn man das große Geld verdienen will, muss man auch großes Geld setzen", sagte er sich.

Als der Handel an diesem Tag endete, beschloss Hal, die Aktie über Nacht zu behalten, und er war schwer begeistert, dass er an einem Tag 1.500 Dollar Gewinn gemacht hatte.

Am Abend wuchs Hals Vertrauen in Citigroup noch, als er positive Artikel über das Unternehmen las. Ein Mann ließ sich im Fernsehen mehr als zehn Minuten lang über Citigroup aus und brüllte in die Kamera, man müsste diese Aktie „kaufen, kaufen, kaufen". Die einzigen negativen Artikel, die Hal fand, bezogen sich auf den Finanzsektor als Ganzes, der irgendwie schwach zu sein schien. Aber Hal las auch einen Artikel, in dem behauptet wurde, Citigroup sei gegen eine mögliche Bankenkrise gefeit.

An jenem Abend rief Hal seine Mutter an und sagte ihr, er würde jetzt reich werden. Auch sein Vater freute sich über den Erfolg seines Sohnes.

Seine Freundin kam vorbei und warf einen Blick auf seinen Computermonitor. „Du hättest verkaufen sollen", meinte sie. „Ich hätte das Geld mitgenommen."

Hal erwiderte stirnrunzelnd: „Ach, du hast doch überhaupt keine Ahnung von der Börse."

MARKTCHAOS

Im Laufe der nächsten Wochen fiel der Markt um gut ein Prozent und Citigroup fiel mit. Tatsächlich brach die Aktie sogar um sieben Punkte (mehr als 15 Prozent) auf rund 35 Dollar ein. Aus den 1.500 Dollar Gewinn waren 5.000 Dollar Verlust geworden.

Hal rief Morgan an und fragte ihn um Rat.

„Wir kaufen nach“, sagte Morgan. „So niedrig war Citi schon seit Jahren nicht mehr. Für einen Verkauf ist das zu billig.“

„Ich weiß nicht, ob ich es mir leisten kann, noch mehr Aktien zu kaufen“, sagte Hal.

„Wenn Sie keine Aktien nachkaufen, begehen Sie den größten finanziellen Fehler Ihres Lebens!“, rief Morgan ins Telefon.

„Okay, okay“, entgegnete Hal, den Morgans laute Stimme eingeschüchtert hatte. Und so platzierte Hal eine weitere Market-Order über weitere 1.000 Aktien. Sie wurde für circa 36 Dollar ausgeführt und kostete ihn insgesamt 36.000 Dollar. Jetzt hatte er mehr als 75.000 Dollar in Aktien der Citigroup investiert.

In den nächsten Wochen war Hal von der Citigroup besessen, und seine gesamte Familie auch. Sie feuerten die Aktie an und niemand konnte mehr über etwas anderes sprechen.

„Wenn die Aktie auf 50 Dollar steigt“, versprach Hal seiner Freundin, „feiern wir die größte Party aller Zeiten.“ Hal ahmte die Mätzchen des Moderators einer populären Finanzsendung nach und schrieb sich mit blauem Filzstift das Aktiensymbol „C“ auf die Handknöchel.

Den ganzen Monat lang wackelte Citigroup zwischen 35 und 37 Dollar hin und her. Hal begegnete Morgan ein paarmal im Restaurant, aber es gab keine Neuigkeiten. „Manchmal muss man eben einfach abwarten“, sagte Morgan schulterzuckend. Im Laufe der nächsten Monate fiel der Aktienmarkt um mehr als drei Prozent, doch der

Citigroup erging es noch schlechter, die Aktie fiel auf 25 Dollar. Als Hal auf den Monitor schaute, wurde ihm schwindelig. Jetzt standen er und sein Vater mit 25.000 Dollar im Minus. „Ich kann das nicht glauben“, stöhnte Hal.

Er rief Morgan an und der sagte ihm, was am Markt geschehen war, sei eben ein ungewöhnliches Ereignis. „Für das Unerwartete kann man nicht vorausplanen. Halten Sie einfach durch. Die kommt schon zurück.“

Hal hoffte, er könnte wenigstens auf null rauskommen. Er wollte sein Geld wiederhaben.

Ein paar Monate später fiel Citigroup um weitere fünf Punkte. Hal stand bei über 37.000 Dollar Verlust und hatte inzwischen auch Schulden bei der Brokerfirma, weil er die Margin genutzt hatte. Immer wieder rief er bei Morgan an, aber der rief ihn nicht zurück. Schließlich erreichte er ihn irgendwann am späten Abend.

„Herr Morgan, was soll ich denn mit Citigroup machen? Die steht bei 20 Dollar. Die ruiniert mich.“

„Citigroup? Die Aktie habe ich vor einem Monat schon verkauft“, blaffte Morgan in den Hörer. „Rufen Sie mich nie wieder an!“

Noch später am Abend bekam Hal einen Anruf von seinem Vater. „Heute Nachmittag habe ich vom Broker eine Nachschussforderung bekommen. Ich muss innerhalb von 24 Stunden Geld auf das Konto einzahlen, sonst verkauft er die ganzen Aktien. Mir ist ganz übel.“ Hal fühlte sich noch schlechter.

Am nächsten Morgen hoffte Hal, Citigroup würde zurückfedern, aber sie fiel weiter. Sein Vater rief an: „Ich habe sie verkauft. Mit dieser Aktie sind wir geleimt.“

Als die Position liquidiert wurde, hatten Hal und sein Vater mehr als 45.000 Dollar verloren. Und Hal hatte 10.000 Dollar Kreditkartenschulden.

DIE LEHREN, DIE MAN DARAUS ZIEHEN KANN

Später am Abend setzte sich Hal hin und schrieb alle Fehler auf, die er und sein Vater mit Citigroup gemacht hatten. Er war schockiert über das, was er getan hatte. „Wie konnte ich bloß so blöd sein?“, fragte er sich.

WAS SCHIEFGEGANGEN IST

Ironischerweise passierten die schlimmsten Fehler, die Hal machte, noch bevor er seinen ersten Trade platzierte. Sein erster Fehler war es, eine Aktie aufgrund eines Tipps zu kaufen, selbst wenn dieser von einem sogenannten Finanzprofi wie Herrn Morgan kam. Hal dachte, Morgan sei schlauer als der Markt, und das ist ein fataler Irrtum. Tippgeber wie Herrn Morgan gibt es wie Sand am Meer, und es kostet sie überhaupt nichts, kostenlose Ratschläge zu verteilen. Das einzige Gegengift gegen die Befolgung der Aktientipps von sogenannten Trading-Experten besteht darin, die Ohren davor zu verschließen.

LEKTION 1:
Hören Sie nicht auf Tipps.

Hal hatte sich mit der Kreditkarte Geld geliehen, um sein Konto zu finanzieren – ein schwerer Moneymanagement-Fehler. Auch wenn ihm sein Vater aushalf, handelte Hal doch mit Geld, das zu verlieren er sich nicht leisten konnte, und das hätte ihn besonders vorsichtig machen müssen. Doch stattdessen ging er unnötige Risiken ein. Der Druck, seiner Familie das Geld zurückzuzahlen und dafür einen großen Trade einzugehen, war gewaltig. Die Profis sprechen davon, dass man mit „verängstigtem Geld“ handelt.

LEKTION 2:
Leihen Sie sich kein Geld für Ihr Depot und gehen Sie unter keinen Umständen zusätzliche Risiken ein.

Hal dachte, um viel Geld zu verdienen, müsste er viel Geld einsetzen. Dieser Mythos wird verbreitet, um Menschen um ihr Geld zu bringen. Hal hätte nur einen kleinen Betrag investieren sollen, vor allem da er als Trader erst anfing. Er sah nicht voraus, dass man bei einem hohen Einsatz auch viel verlieren kann.

LEKTION 3:
Managen Sie Ihr Geld vorsichtig. Machen Sie sich klar, wie viel Geld Sie verlieren können, und seien Sie sicher, dass Sie sich diesen Verlust leisten können.

Auf den Rat hin, den er von Herrn Morgan bekommen hatte, betrat Hal den Markt mit unrealistisch hohen Erwartungen. Morgan hatte Hal zum Beispiel dadurch in den Markt gelockt, dass er ihm sagte, Citigroup „sollte“ auf 50 Dollar pro Aktie stehen. Dem Markt ist es aber egal, was Herr Morgan oder sonst jemand denkt. Am Markt gibt es kein „sollte“, denn dort ist alles möglich. Hal musste auf die harte Tour lernen, dass der Markt immer das letzte Wort hat.

LEKTION 4:
Der Markt hat immer recht.

Hal rechnete mit riesigen Gewinnen auf seinen Trade. Es stimmt zwar durchaus, dass er 10.000 Dollar oder noch mehr Gewinn hätte erzielen „können“, aber er unterließ es, auch mit potenziellen Verlusten zu rechnen. Außerdem nahm er an, er könnte mit dem Aktienhandel jedes Jahr 50.000 Dollar verdienen. Leider berücksichtigte er dabei keinen von den Verlusttagen.

LEKTION 5:
Gehen Sie mit realistischen Erwartungen in den Markt und zählen Sie nicht auf vermeintliche Gewinne.

DER EINSTIEG IN DEN MARKT

Diese Fehler hätte Hal vermeiden können, wenn er einen Satz Regeln und einen Trading-Plan aufgestellt hätte, bevor er den Markt betrat. Diese Regeln hätte er gut sichtbar anbringen müssen: Einstiegspreis, Ausstiegspreis und Stop-Loss. Da Hal überhaupt keine Regeln hatte, machte er impulsive Trades, ohne eine Ahnung zu haben, was er da tat.

LEKTION 6:
Stellen Sie einen Trading-Plan auf und halten Sie sich an Regeln.

Hal hätte sich nicht fragen sollen: „Wie viel kann ich verdienen?“ Stattdessen hätte er Herrn Morgan sofort die Frage stellen sollen: „Wie viel kann ich verlieren?“ Dann wäre Hal gezwungen gewesen, Stop-Losses zu setzen und andere Maßnahmen zum Schutz seines Kapitals zu treffen. Hätte er sich besser ausgekannt, hätte er vielleicht Preisbenachrichtigungen eingerichtet. Hal handelte mit über 75.000 Dollar und hatte keinen Plan für ein Worst-Case-Szenario.

LEKTION 7:
Benutzen Sie Stop-Losses oder Preisbenachrichtigungen.

Außerdem hätte sich Hal an eine Grundregel des Moneymanagements halten sollen: Riskiere mit jedem Trade nur einen bestimmten

Anteil am Gesamtkapital. Beispielsweise riskieren manche Trader höchstens zwei Prozent ihres Portfolios. Aber für private Trader sind zwei Prozent vielleicht nicht realistisch. Die „2-Prozent-Regel" ist zwar eine nützliche Richtlinie, aber sie ist nicht in Stein gemeißelt. Mit etwas Erfahrung können Sie Ihren eigenen Prozentsatz festlegen. Doch leider wusste Hal überhaupt nicht, dass er im Voraus hätte beschließen sollen, wie viel von seinem Gesamtdepot er riskieren durfte – erst als es zu spät war. Wenn Hal beispielsweise nur 500 Aktien riskiert und einen Stop-Loss gesetzt hätte, dann wäre er geschützt gewesen.

LEKTION 8:
Setzen Sie einen Stop-Loss und riskieren Sie mit keinem Trade mehr als eine vorher festgelegte Summe.

Hals größter Fehler war vielleicht der Irrglaube, seine Geheimwaffe – Herr Morgan – würde ihm Ärger ersparen. Da Hal dachte, der Trade sei risikolos, ging er ein unglaublich großes Wagnis ein.

LEKTION 9:
Den risikolosen Trade gibt es nicht.

Als Hal anfing, über das viele Geld nachzudenken, das er möglicherweise verdienen könnte, trübte die Gier sein Urteilsvermögen. Was ihm passiert ist, ist nicht überraschend. Er lernte auf die harte Tour, dass mangelndes Wissen, kombiniert mit unrealistischen Erwartungen und Gier, mit Menschen seltsame Dinge anstellen kann. Vergessen Sie nicht: Als Daytrader muss man nehmen, was einem der Markt gibt – man bekommt nicht das, was einem seiner eigenen Meinung nach zusteht.

LEKTION 10:
Setzen Sie sich vernünftige Ziele und nehmen Sie Gewinne mit, sobald ein Ziel erreicht ist.

DIE PLATZIERUNG DER ORDER

Erstaunlicherweise beging Hal alle diese Fehler, bevor er überhaupt seinen ersten Trade platzierte. Er war von Anfang an zum Scheitern verurteilt, aber er machte auch nach der Platzierung der Order noch ein paar Fehler. Zum Beispiel kaufte Hal Citigroup zur Handelseröffnung. Da Aktien gelegentlich mit dem ersten Trade des Tages ein Gap nach oben öffnen, bekommt man häufig schlechte Ausführungen, wenn man zu dieser Zeit Orders aufgibt. Man wartet also besser 15 Minuten ab, bevor man einen Trade platziert, vor allem als Neuling. Sie haben doch den ganzen Tag Zeit, um zu traden – haben Sie also Geduld.

LEKTION 11:
Vermeiden Sie es, in den ersten 15 Minuten nach Handelsbeginn zu traden.

Ein weiteres Warnzeichen, das Hal nicht beachtet hat, war der Begeisterungsschub, den er bei der Platzierung seines ersten Trades verspürte. „Das Traden sollte so emotional sein, wie wenn man seine Wäsche in der Reinigung abgibt", hat ein Profi-Trader einmal scherzhaft gesagt. Allerdings steht Ihnen ein Gefühl der Freude zu, wenn Sie auf einen profitablen Monats- oder Quartalsertrag blicken können.

LEKTION 12:
Lernen Sie, emotionslos zu traden.

Unglücklicherweise war Hal so scharf darauf, Citigroup zu kaufen, dass er eine Market-Order aufgab und dadurch eine besonders schlechte Ausführung bekam. Allein durch diesen Trade verlor er mehr als einen Punkt pro Aktie, was ihn über 1.000 Dollar kostete. Hal hätte eine Limit-Order aufgeben und die Kontrolle über den

Trade übernehmen sollen, indem er dem Markt den Preis mitgeteilt hätte, den zu zahlen er bereit war. Stattdessen stürzte er sich ohne nachzudenken in den Trade und ließ den Markt über den Preis entscheiden.

LEKTION 13:
Der Markt ist wie eine Auktion.
Verwenden Sie Limit-Orders,
um einen günstigeren Preis zu bekommen.

Außer Limit-Orders zu verwenden hätte Hal in Schritten zu 100 Aktien in den Trade einsteigen können. Der gestaffelte Einstieg kann eine effektive Möglichkeit sein, die Marktumgebung zu testen. Anfangs stieg die Citigroup zwar, aber der Absacker am nächsten Tag war ein Warnsignal. Es wäre klug von Hal gewesen, mit weniger Aktien anzufangen. Mit 1.000 Aktien auf einmal zu handeln, war riskant.

LEKTION 14:
Überlegen Sie, ob Sie mit weniger Aktien
gestaffelt einsteigen.

Und schließlich war Hal dadurch zum Scheitern verurteilt, dass er nur kläglich auf die psychologische Kriegsführung vorbereitet war. Sobald Hal den Markt betreten hatte, bekam er es mit Haien zu tun und war selbst ein freundliches Fischlein. Die Lektüre von ein paar Büchern und Finanzzeitschriften hatte ihn nicht ausreichend auf die finanzielle Schlacht seines Lebens vorbereitet. Er hätte Wochen oder Monate aufbringen müssen, um zu üben und sich auf seinen ersten Trade vorzubereiten.

LEKTION 15:
Bereiten Sie sich vor der Platzierung
Ihres ersten Trades vor. Üben Sie das Trading.

DEN TRADE MANAGEN

Nach dem Kauf von Citigroup machte Hal noch einige zusätzliche Fehler.

Zunächst stieg die Aktie um zwei Punkte. Hal war nicht klar, dass das Management von gewinnbringenden Aktien häufig genauso schwierig ist wie der Umgang mit verlustbringenden Aktien. Das wichtigste Ziel eines Traders besteht darin, das Risiko so zu managen, dass die Verluste nicht zu groß werden. Auch wenn Hal durch seinen 2-Punkte-Gewinn geblendet war, hätte er anhand des gestiegenen Preises einen Stopp nachziehen müssen.

Darüber hinaus prahlte Hal vor seinen Eltern und seiner Freundin mit seinem Trading-Geschick, und auch das ist ein rot blinkendes Warnsignal. Das Gefühl, innerhalb von Minuten 1.500 Dollar verdient zu haben, berauschte ihn und gefährdete sein Portfolio. Nachdem er so viel Geld verdient hatte, gab sich Hal der Illusion hin, Trading sei ein Kinderspiel.

LEKTION 16:
Umgehen Sie die Gier durch den Einsatz von Stop-Losses.

Tatsächlich war Hal über sein sogenanntes Trading-Geschick dermaßen erfreut, dass er einmal sogar das Haus verließ und sein Konto leichtsinnigerweise auf Autopilot schaltete. Man hört immer mal wieder von Trading-Anfängern, die nach der Platzierung eines Trades in Urlaub gefahren sind und nach ihrer Rückkehr ein leeres Konto vorfanden.

LEKTION 17:
Lassen Sie einen aktiven Trade nie aus den Augen.

DER AUSSTIEG AUS DEM TRADE

Als Hal den Buchstaben C auf seine Knöchel schrieb, leuchtete eine grelle psychologische Warnlampe auf. Sobald sich Hal in die Aktie verliebte, verlor er jegliche Objektivität. Negativen Zeitungsartikeln schenkte er keine Aufmerksamkeit mehr, sondern er hörte nur noch auf Menschen, die seine Ansicht unterstützten. Da so viel Geld auf dem Spiel stand, hätte Hal den Markt mithilfe von technischen Indikatoren genau beobachten müssen. Sobald er zum Fan des Unternehmens wurde, war es zu schmerzhaft, zu verkaufen. Anstatt für seine Trading-Entscheidungen auf Tatsachen zurückzugreifen, verließ er sich auf Hoffnung und auf Herrn Morgan.

LEKTION 18:
Verlieben Sie sich nicht in eine Aktie.

Da Hal keinen neutralen Blick mehr auf die Aktie hatte, bereitete er sich nicht auf ein Worst-Case-Szenario vor. Er hatte keine Ahnung, was er tun würde, falls er oder Herr Morgan sich irrten. Manche gehen so lange davon aus, dass eine Aktie ein Loser ist, bis das Gegenteil bewiesen ist. Für Hal war es unvorstellbar, dass die Aktie eines derart bekannten und mächtigen Unternehmens kentern könnte. Infolgedessen sah er hilflos zu, ohne einen Stop-Loss zu setzen. Hätte er das getan, wäre sein Portfolio gerettet gewesen und es wäre vielleicht nur minimaler Schaden entstanden.

LEKTION 19:
Planen Sie Worst-Case-Szenarien ein, indem Sie Stop-Losses setzen.

Als die Aktie am ersten Tag stieg, schenkte Hal dem Gesamtmarkt und dem Sektor von Citigroup – nämlich dem Finanzsektor –

keine Aufmerksamkeit mehr. Hätte Hal hingeschaut, hätte er bemerkt, dass beide zu kämpfen hatten.

LEKTION 20:
Untersuchen Sie den Gesamtmarkt und einzelne Sektoren auf Hinweise.

Wenn Hal den Markt studiert hätte, dann hätte er wohl bemerkt, dass mehrere Schlüsselindikatoren, zum Beispiel die gleitenden Durchschnitte, Warnsignale aussandten. Beispielsweise wurden die Citigroup und der Aktienmarkt insgesamt weit unter ihren 100- und 200-Tage-Linien gehandelt, was ein deutliches Warnzeichen ist. Außerdem war es nicht die klügste Entscheidung, in einer potenziellen Baisse long zu gehen. Der einzige Indikator, dem Hal folgte, war Herr Morgan, und das war ein katastrophaler Fehler.

LEKTION 21:
Verwenden Sie technische Indikatoren.

Als Citigroup um fünf Punkte fiel, geriet Hal in Panik. Anstatt mit einem relativ kleinen Verlust auszusteigen, beging er einen folgenschweren Fehler: Er kaufte zusätzliche Aktien und legte so auf seine Verlustposition noch eins drauf. Aufgrund einer Reihe von Emotionen, von Erfahrungsmangel und schlechter Beratung riskierte Hal nun ein finanzielles Armageddon. Ein erfahrener Trader hätte den Verlust mitgenommen und nach anderen Gelegenheiten Ausschau gehalten. Hal hingegen konnte nicht loslassen.

LEKTION 22:
Sie müssen bereit sein, gewisse Verluste zu akzeptieren.

Viele Trader können zwar mit Gewinnern umgehen, haben aber oft keine Ahnung, was sie mit Verlierern machen sollen. Der Druck, unter dem Hal stand, als Trader erfolgreich zu sein, war nicht nur finanziell, sondern auch emotional überwältigend. Der Verlust von Geld, das alle seine Hoffnungen, Träume und sein Selbstwertgefühl repräsentierte, verleitete Hal zu impulsiven Entscheidungen. Sobald die Aktie nicht die erwartete Performance brachte, hätte er den Trade neu bewerten und sofort aussteigen müssen. In Hals Vorstellung hätte dieser eine Trade erfolgreich sein müssen, denn sonst hätte er den Respekt seiner Familie, die Liebe seiner Freundin und sein Selbstwertgefühl verloren. Es war also nicht überraschend, sondern nachvollziehbar, dass er mit Angst reagierte, als die Aktie nicht die erwartete Performance brachte.

LEKTION 23:
Lernen Sie, zu verlieren, bevor Sie gewinnen.

Ein weiterer großer Fehler, den Hal beging, war das „Overtrading“: Als Citigroup nicht in seine Richtung lief, stieg er nicht in aller Ruhe aus der Position aus, sondern tradete erneut. Die besten Trader warten geduldig auf andere, rentablere Aktien. Hal war so sehr darauf aus, seine Verluste wieder hereinzuholen, dass er einen sogenannten Rache-Trade durchführte.

LEKTION 24:
Haben Sie Geduld und warten Sie auf profitable Trading-Gelegenheiten.

Der vielleicht gefährlichste Fehler von allen, die Hal beging, war der Missbrauch der Margin. Mit der Hilfe seines Vaters wurde sein Konto auf 100.000 Dollar aufgepeppt. Hal und sein Vater waren emotional nicht auf den Umgang mit so viel Geld vorbereitet. Sie begriffen nicht, dass der Schuldenhebel im Zuge eines Kursverfalls die

Verluste vergrößert. In den Händen eines erfahrenen Traders kann ein Schuldenhebel – auch Leverage genannt – ein sehr mächtiges Werkzeug sein. In den Händen eines Trader-Frischlings wie Hal kann er ein Konto ausradieren.

LEKTION 25:
Trading-Anfänger sollten keine Margin einsetzen.

Ein weiterer Fehler, den Hal beging, war die Änderung seiner Strategie von einem Trade zu einem Investment. Anstatt sofort mit relativ geringem Verlust zu verkaufen, als der Preis von Citigroup fiel, wartete er darauf, dass die Aktie auf ihren früheren Stand zurückkehren würde. Sobald sich die Aktie gegen ihn wendete, hätte er sich lösen sollen. Nachdem Hals ursprünglicher Plan nicht funktionierte und sich die Verluste vervielfachten, wäre der komplette Ausstieg die einzige Lösung gewesen.

LEKTION 26:
Begrenzen Sie Ihre Verluste zu einem vorher festgelegten Preis und verkaufen Sie, sobald der ursprüngliche Plan nicht mehr funktioniert.

Wenn Hal über den Verkauf genauso lange nachgedacht hätte wie über den Kauf, wäre er aus diesem Trade vielleicht mit Gewinn herausgekommen. Er hatte keine Ahnung, wann er verkaufen sollte, und er war zu unerfahren, um zu begreifen, dass zwei Punkte das Höchste waren, was ihm der Markt bei diesem Trade schenken würde. (Und selbst wenn er mit Gewinn verkauft hätte, hätte er sich als Amateur vielleicht darüber beschwert, dass er an diesem Trade mehr Geld „hätte“ verdienen „können“ oder „sollen“. Das ist ein weiterer Grund, aus dem er einen Trailing Stop gebraucht hätte.)

LEKTION 27:
Machen Sie einen Verkaufsplan, bevor Sie kaufen.

Tatsächlich bestand Hals einziger Verkaufsplan darin, dass er abwartete, bis Herr Morgan ihm sagen würde, er solle verkaufen. Indem er sich blindlings auf Morgan verließ, tradete er von der Hand in den Mund. Wenn er gelernt hätte, wie man selbst Aktien findet und seine eigenen Entscheidungen trifft, hätte er sein Leben lang traden können.

LEKTION 28:
Denken Sie selbst.

Noch gefährlicher für Hals Trading-Konto und sein Selbstwertgefühl war die Tatsache, dass er es Herrn Morgan erlaubte, ihn zu drangsalieren und ihn anzubrüllen, er solle die Aktie kaufen. Wenn einen jemand anschreit, man solle eine Aktie kaufen oder verkaufen, dann ist es womöglich besser, das Gegenteil zu tun. Zumindest hätte sich Hal die Zeit nehmen müssen, zu recherchieren und nachzudenken, aber er war zu sehr emotional engagiert. Er hätte eine zweite Meinung von einem vertrauenswürdigen Profi einholen können. Es stellte sich heraus, dass es Morgan egal war, wie viel Geld Hal verdienen oder verlieren würde.

LEKTION 29:
Lassen Sie sich von niemandem zu einem Trade drängen.

Zu Hals Ehrenrettung muss man sagen, dass er dann doch noch verkaufte. Ihm wurde klar, wie wahnsinnig riskant dieser Trade war, und er stieg aus, bevor das Konto seines Vaters ganz vernichtet war.

Tatsächlich hätte es noch viel schlimmer kommen können. Im Laufe der nächsten Monate fiel Citigroup unter vier Dollar pro Aktie und blieb dort mehrere Jahre lang. Wenn es möglich war, dass die Aktie einer der größten und mächtigsten Banken mehr als 90 Prozent ihres Werts verliert, dann wissen Sie, dass am Aktienmarkt alles möglich ist. Hal brauchte Jahre, um das ganze geliehene Geld wieder zurückzuzahlen.

LEKTION 30:
Am Aktienmarkt ist alles möglich.

Wenn Hal Protokoll über die ganzen Fehler geführt hätte, die er bei diesem einen schlechten Trade beging, hätte er daraus genug Lehren für ein ganzes Leben gezogen. Da er nicht aufschrieb, warum und wann er die Aktie kaufte, wie viele Stücke und sein Kursziel, tradete er emotional. Ohne die Vorteile eines Trading-Journals könnte er viele dieser Fehler wiederholen.

LEKTION 31:
Führen Sie über alle Trades ein Journal.

NIE WIEDER

Monatelang war Hal wütend auf sich selbst und auf Herrn Morgan. „Wie konnte ich nur so dumm sein?“, fragte er sich immer wieder. Aber irgendwann übernahm Hal die volle Verantwortung für seinen schlechten Trade. Schließlich hätte er die Tipps und den Wutanfall von Morgan ignoriert, wenn er mehr Selbstbewusstsein und Wissen besessen hätte. Ein bisschen was aus dem Nähkästchen: Herr Morgan sprach nie wieder mit Hal. Manchmal sah ihn Hal in der Nähe des Buchladens oder im Einkaufszentrum, aber Morgan flüchtete dann stets sehr schnell in die entgegengesetzte Richtung und murmelte vor sich hin: „Oh oh, oh oh." Wahrscheinlich ging er davon aus, dass Hal immer noch wütend ist, aber das war gar nicht der Fall. Die beiden sprachen zwar nie wieder miteinander, aber das machte nichts. Die Lehren, die Hal aus diesem einen schlechten Trade gezogen hatte, halfen ihm nicht nur an der Börse, sondern auch im Leben. Im Rückblick kann man viele von Hals Trading-Fehlern auf geringes Selbstwertgefühl, mangelndes Wissen und Unerfahrenheit zurückführen. Das Wichtigste war, dass Hal lernte, am Aktienmarkt und bei allen anderen Entscheidungen auf sein eigenes Urteilsvermögen zu vertrauen. Es ist ja durchaus vernünftig, anderen Leuten zuzuhören, aber bei der endgültigen Entscheidung sollte man sich nicht auf sie verlassen. Viele Trader wissen nicht, wovon sie sprechen.

LEKTION 32:
Vertrauen Sie sich selbst.

Obwohl Hal so viel Geld verloren hatte, gab er nicht auf. Ein Jahr lang studierte er gewissenhaft den Aktienmarkt und kannte sich anschließend viel besser damit aus. Sobald er die Schulden an seine Familie zurückgezahlt hat, will er wieder in den Markt einsteigen, aber dieses Mal ganz langsam und vorsichtig – und mit viel weniger Geld. „Ich mache die gleichen Fehler nicht noch einmal", schrieb er in sein Journal. Er hat zwar einen hohen Preis bezahlt, aber ironischerweise waren die Lehren, die er aus diesem einen schlechten Trade zog, das Beste, was ihm je passiert ist.

LEKTION 33:
Machen Sie aus sauren Zitronen süße Limonade.

ERLEBEN SIE DEN NÄCHSTEN TRADING-TAG

Ich hoffe, diese Erzählung hat Ihnen ein bisschen vermittelt, wie Trading-Neulinge mit einem einzigen schlechten Trade ihr gesamtes Portfolio verlieren können. Wie Sie sehen, ist Traden eine unglaublich emotionale Erfahrung, so ähnlich wie mit Taschen voller Geld Achterbahn zu fahren. Und bei Daytradern kann das noch intensiver sein.

Wie schon gesagt: Ihr anfängliches Ziel besteht darin, zu lernen, wie man ein guter Trader wird, und nicht unbedingt, wie man Geld verdient. Am wichtigsten ist, dass Sie immer Schritte zum Schutz Ihres Portfolios unternehmen: Ihr oberstes Ziel ist die Erhaltung Ihres Kapitals. Es wird immer noch mehr Trading-Gelegenheiten geben, aber nur solange Sie im Spiel bleiben.

Wenn Sie ein paar Monate lang getradet haben, werden Sie eine bessere Vorstellung davon haben, ob das Traden für Sie das Richtige ist. Wie Sie jetzt wissen, gehört es zum erfolgreichen Traden, dass man das Geld und seine Emotionen beherrscht. Wenn Sie nicht in der Lage sind, beides zu managen, sollten Sie sich vielleicht noch einmal überlegen, ob Sie weiterhin traden sollten. Die Mechanik des Tradings lässt sich zwar relativ leicht erlernen, aber blitzschnelle Entscheidungen zu treffen, wenn man mit Tausenden von Dollar jongliert, ist eine enorme Herausforderung. Es ist besser, wenn man liebt, was man tut. Suchen Sie sich andernfalls etwas anderes, um Ihren Lebensunterhalt zu bestreiten.

Hochfrequenz-Trading

Hochfrequenz-Trader (HFT) sind die ultimativen Daytrader. Sie nutzen Hochgeschwindigkeitscomputer, um automatisch Millionen von Orders abzusenden, nach

Pennys zu tasten und sie abzugreifen – Pennys, die sich dann jedes Jahr auf Milliarden Dollar an Gewinn summieren. Berichten zufolge stellen die Hochfrequenz-Trading-Firmen an manchen Tagen über 70 Prozent des Handelsvolumens.
Private Daytrader können mit den Hunderten Millionen Dollar an Technologie, die sie besitzen, unter anderem mit der extrem hohen Bandbreite, dank derer sie Transaktionen innerhalb von Nanosekunden ausführen können, nicht konkurrieren.
Die Befürworter des Hochfrequenzhandels behaupten, diese Trader würden dem Markt Liquidität zuführen – das heißt, sie würden es anderen erleichtern, größere Aktienmengen zu kaufen. Diese Trader behaupten, sie hätten dazu beigetragen, dass die Spreads und die Volatilität zurückgegangen sind. Zwar wirken HFTs fast genauso wie Marketmakers und Specialists, aber leider müssen sie sich nicht an deren strenge Verpflichtung halten, einen fairen, geregelten Markt zu gewährleisten. Das zeigte sich recht deutlich am 6. Mai 2010. Damals zogen diese Trader einfach ihre gesamten Orders zurück, als der Flash Crash stattfand.
Eine der umstrittensten Strategien, die manche Hochfrequenz-Trader einsetzen, ist das sogenannte *Flash Trading*. Mithilfe dieser Strategie können Trader andere große Marktteilnehmer „anpingen" und einen 30-sekündigen Blick auf deren ausstehende Orders werfen. Dadurch gewinnen Hochfrequenz-Trader Einblick in den Order-Fluss, sodass sie ihre eigenen Orders ändern können, bevor sie ausgeführt werden.

Wenn beispielsweise einem HFT auffällt, dass plötzliches Kaufinteresse an einer bestimmten Aktie aufwallt, kann er seine Position aufstocken oder die Aktie shorten. Dass man einen flüchtigen Blick auf das Order-Buch eines anderen Marktteilnehmers erhascht, grenzt so dicht an „Front Running" (die unmoralische Praxis, einen Trade aufgrund von verfrühtem Wissen zu tätigen), wie es nur geht.
Nicht alle HFT verwenden Flash Trading, aber diese Strategie ist umstritten. Als 2010 der erste Flash Crash stattfand, stürzte der Markt innerhalb von Minuten um mehr als 600 Punkte ab, holte dann aber fast alle abgegebenen Punkte wieder zurück. Laut der Security and Exchange Commission (SEC) und der Commodity Futures Trading Commission (CFTC), die einen gemeinsamen Bericht darüber herausgegeben haben, wurde der Flash Crash durch ein Trading-Computerprogramm ausgelöst, das automatisch 35.000 S&P-500-E-Mini-Futures-Kontrakte verkaufte.
Nichtstdestotrotz waren die Anleger von dem schnellen, plötzlichen Verkauf irritiert, sodass sie begannen, Geld aus dem Aktienmarkt abzuziehen und es in Anleihen zu stecken. In den Augen mancher Anleger lassen Flash-Trading-Taktiken den Markt wie ein abgekartetes Spiel aussehen.
Der Hochfrequenzhandel kann zwar dem Markt Liquidität zuführen, aber wenn die Durchschnittsanleger das Vertrauen in die Finanzmärkte verlieren und nicht mehr dort investieren wollen, dann hat das gestiegene Volumen kaum eine Bedeutung. Die Computerisierung von Orders hat zwar schon vor Jahrzehnten mit einer Vielfalt selbst entwickelter

Programme angefangen (manche behaupten, der Crash 1987 sei von Programmhändlern ausgelöst worden), aber anlässlich des Flash Crashs bekam die Öffentlichkeit zum ersten Mal einen echten flüchtigen Einblick in das, was hinter den Kulissen passiert.
Da die Vorschriften im Umkreis des Hochfrequenz-Tradings relativ locker sind, bauen weitere Firmen für mehrere Millionen Dollar Computersysteme mit ausgeklügelten Algorithmen auf, die einen noch größeren Marktanteil abdecken sollen. Solange keine Regeln eingeführt werden, die einige dieser Aktivitäten einschränken, mag sich der Privatanleger entscheiden, sich nicht daran zu beteiligen. Bereits die Wahrnehmung, das System sei unfair, kann einen Markt schädigen, der den Anlegern eigentlich ein ausgeglichenes Spielfeld bieten soll. Aufgrund des Schadens, den der Flash Crash verursacht hat, hat die SEC eine neue Regel vorgeschlagen, die es allen Märkten verbietet, Flash Orders anzuzeigen. Das Ziel ist natürlich die Verhinderung eines weiteren Flash Crashs.

KAPITEL 7

BEGEGNUNGEN MIT PROFIS

Bedenken Sie, dass das Daytrading relativ leicht erscheint, wenn man in einem Buch davon liest, dass es aber im richtigen Leben eine viel größere Herausforderung ist.

Deshalb ist es immer lehrreich, das Home-Office eines Traders zu besuchen, vor allem wenn er bereit ist, auch ein paar seiner Geheimnisse mit einem zu teilen. Damit Sie eine bessere Vorstellung davon bekommen, was hinter der Tür eines Traders wirklich passiert, habe ich eine Handvoll professionelle Trader aufgespürt und sie um Rat gefragt.

Wenn Sie dieses Kapitel zu Ende gelesen haben, sollten Sie ein paar Tricks gelernt haben. Schließlich kann es äußerst lehrreich sein, in die Köpfe von echten Tradern zu blicken. Sie können Zeit und Geld sparen, wenn Sie etwas über all die Dinge erfahren, die glatt- oder schiefgehen können.

TONI TURNER, BESTSELLERAUTORIN UND TRADERIN

Toni Turner ist Autorin der Bestseller „A Beginner's Guide to Day Trading Online, 2nd Edition", „A Beginner's Guide to Short-Term Trading" und „Short-Term Trading in the New Stock Market". Ihre Bücher wurden in viele Sprachen übersetzt und auch als Lehrbücher in Collegekursen über private Finanzanlage verwendet.

Die versierte technische Analystin Toni Turner ist sehr dafür bekannt, dass sie komplizierten Stoff vereinfacht und so darstellen kann, dass er interessant ist und das Lernen Spaß macht. Sie ist Präsidentin von TrendStar Trading Group, Inc.

LERNEN SIE, DEN MARKT ZU LESEN

Laut Turner verlieren neue Trader vor allem deshalb Geld, weil sie „nicht wissen, wie man den Markt liest". Sie sagt beispielsweise: „Die großen Indizes steigen vielleicht im Laufe des Tages. Ein neuer Trader sieht dies eventuell als Gelegenheit, long zu gehen und seine Positionen über Nacht zu halten. Ein erfahrener Trader hingegen sieht, dass der Markt innerhalb eines schweren Abwärtstrends gestiegen ist. Er sieht die tieferen Hochs und die tieferen Tiefs. Der Anfänger erkennt diese Signale nicht und erleidet schwere Verluste, wenn der Markt wieder in den Trend einschwenkt."

Um das Gesamtbild zu sehen, beobachtet Turner ständig die großen Indizes in verschiedenen Zeitrahmen, unter anderem in Tages- und Wochencharts, auch wenn sie Daytrading betreibt. „Den Markt zu lesen ist wie sich in einem gefährlichen Wald zu verlaufen", so Turner. „Ein erfahrener Guide weiß, auf welche Zeichen er achten muss, er sieht die Spuren von Tieren und findet einen Weg nach draußen. Wenn sich ein unerfahrener Mensch im Wald verläuft, übersteht er vielleicht die Nacht nicht."

LERNEN SIE DAS PAPER-TRADING

Turner empfiehlt Trading-Neulingen, mit Paper-Trading anzufangen, um Erfahrungen zu sammeln. „Wenn man mehrere Monate nur auf dem Papier tradet und dabei etwas lernt, gewinnt man Selbstvertrauen. Da das nicht real ist, verliert man kein Geld, während man die Zeichen des Marktes lernt."

Laut Turner ist Paper-Trading zwar sehr hilfreich, aber nicht perfekt. „Da beim Paper-Trading nicht die Emotionen auf dem Spiel stehen, ist es vollkommen anders als das Trading am echten Markt. Bedenken Sie, dass der Handel auf dem Papier viel leichter ist, weil man keinen Schmerz fühlt, wenn man Fehler macht." Der Schlüssel liegt nach ihrer Aussage darin, dass man das Paper-Trading ernst nimmt und nicht als Spiel betrachtet.

DIE ZUKUNFT LESEN

Wenn Turner daytradet, schaut sie sich die S&P-500-Mini-Futures-Kontrakte an, die in der S&P-Pit der Chicago Mercantile Exchange gehandelt werden. Sie fungieren ihrer Aussage nach als führender Indikator für die Aktien im S&P 500.

„Wenn die E-Minis einen Tick nach oben gehen, folgt ihnen die Mehrzahl der Aktien nach. Und wenn die S&P-E-Minis fallen, fällt auch die Mehrzahl der Aktien. Die Vorwarnzeit beträgt zwar nur ein paar Sekunden, aber das reicht, um in eine Position einzusteigen oder aus einer auszusteigen." Laut Toni Turner kann man auch die

Nasdaq-100-E-Mini-Futures beobachten, die als führender Indikator für die Nasdaq-Aktien fungieren. Außerdem sind die Mini-Kontrakte auf den Dow Jones der führende Indikator für den Dow Jones Industrial Average (DJIA).

Turner bezieht zwar ihre E-Mini-Kurse gegen eine geringe Gebühr von einem Direktbroker, ist aber der Meinung, dass sie in Zukunft auch von einigen Onlinebrokern angeboten werden. Laut ihrer Aussage werden die Futures-Kontrakte auch in den meisten Finanzprogrammen und im Internet angezeigt, aber Daytrader brauchen die aktuellen Werte.

WIE MAN LEVEL II BENUTZT

Zwar verlassen sich manche Trader seit einigen Jahren weniger auf Level-II-Kurse, aber Turner findet sie für Trader sehr hilfreich. „Ich trade mit keiner Aktie, bevor ich einen Blick auf den Level-II-Bildschirm geworfen habe“, so Turner.

„Ich möchte die Persönlichkeit und den Charakter der Aktien sehen, mit denen ich trade, und Level II gibt mir entsprechende Hinweise. Ich will auch den Spread sehen. Wenn der Spread zwischen dem Geld- und dem Briefkurs einer Aktie größer als einen oder zwei Cent ist, meide ich sie.“ Warum? „Weil ein Spread von mehr als einem oder zwei Cent bedeutet, dass ich nicht zu meinem exakten angestrebten Preis in eine Aktie einsteigen oder – was noch wichtiger ist – aus ihr aussteigen kann. Eine große Spanne zwischen Geld- und Briefkurs bedeutet, dass die Marketmaker die Kontrolle über meine Einstiege und Ausstiege haben.“

Sie hat noch mehr Kriterien für die Aktien, die sie kauft. Sie müssen zum Beispiel sehr liquide sein, mit einem Handelsvolumen von 300.000 bis zu einer halben Million Aktien pro Tag. Zwar zeigen auch traditionelle Kursangaben das Handelsvolumen an, aber Level II geht noch weiter.

Turner ist sich der Beschränkungen von Level II durchaus bewusst, insbesondere der Tatsache, dass sich manche Marktteilnehmer verstecken, indem sie mit ihren Orders gewisse Spielchen treiben. „Jedermann darf seine Orders scheibchenweise aufgeben", sagt sie und erklärt, dass Marktteilnehmer große Orders verbergen, indem sie sie in Lots zu 100 Stücken aufteilen. Dann lacht sie und fährt fort: „Manchmal traut man seinen Augen nicht, wenn man den Level-II-Bildschirm betrachtet." Doch trotz dieser Vorbehalte findet Turner Level II nützlich, und zwar vor allem für Daytrader.

Um das, was sie auf Level II sieht, nachzuprüfen, schaut Turner auch auf Time and Sales, wo die tatsächlichen Orders angezeigt werden. Aber trotzdem haben einige Marktakteure Nebenarrangements getroffen, um Millionen-Lots zu traden, den sogenannten *Schattenmarkt*, der im Time and Sales nicht auftaucht. Sie warnt: „Es gibt Unterströmungen in Form anderer Trades, in die wir vielleicht nicht eingeweiht sind."

PLANEN SIE DEN TRADE UND TRADEN SIE NACH PLAN

Diejenigen Aktien, mit denen Turner am liebsten Daytrading betreibt, sind welche, die nicht im Rampenlicht stehen.

„Meistens finde ich es besser, Aktien zu meiden, die in den Nachrichten sind. Oft werden solche Aktien von den größten und schlimmsten Hochfrequenz-Tradern bevorzugt, und mit denen möchte ich nicht unbedingt um Bruchteile von Pennys konkurrieren. Aus meiner Erfahrung habe ich gelernt, dass Aktien, die nicht im Rampenlicht der Medien stehen, vielleicht nicht so aufregend sind, aber geregelte Muster ausbilden und mir somit den größten Profit bescheren können."

Turner geht am Abend vor Handelseröffnung oder am frühen Morgen die Aktien durch, die ihren Kriterien entsprechen. Zunächst studiert sie die Sektoren, dann erstellt sie eine Watchlist aus Aktien und börsennotierten Fonds (ETFs), die konsolidieren und offenbar kurz vor einem Ausbruch stehen.

Sie tradet oft mit ETFs, weil sie weniger riskant sind als einzelne Aktien und weil sie stärker diversifiziert sind. ETFs werden genauso gehandelt wie Aktien. Sie bieten Diversifizierung und sind relativ preisgünstig. Man kann sie entweder als Hedge für ein Portfolio oder einzelne Aktien kaufen, oder man kauft ETFs aus bestimmten Sektoren, Ländern oder Anlageklassen. ETFs sind so ähnlich wie Investmentfonds, allerdings ohne Fondsmanager. Wegen dieser Vorteile sind viele Menschen große ETF-Fans und haben daraus Portfolios gestaltet, die ihre Ansichten über den Markt oder einzelne Aktien widerspiegeln.

„Eine meiner besten Trading-Strategien", so Turner, „besteht darin, Aktien zu finden, die sich im Tageschart in einem Aufwärtstrend befinden. Sie sollten sich über der 20-Tage-Linie und über der 50-Tage-Linie bewegen. Dann erstelle ich einen 15-Minuten-Chart mit gleitenden Durchschnitten über 10 und 20 Perioden. Wenn die Aktie nach oben ausbricht, kann man die Schnittpunkte dieser gleitenden Durchschnitte als Kauf- und Verkaufssignale benutzen."

Sie achtet auf folgende Signale: „Wenn die 10-Perioden-Linie die 20-Perioden-Linie von unten nach oben schneidet, ist das ein Kaufsignal. Wenn die 10-Perioden-Linie unter die 20-Perioden-Linie geht, ist das ein Verkaufssignal. Das ist eine der einfachsten, grundlegendsten Strategien, und sie funktioniert. Versuchen Sie das mal im Paper-Trading und schauen Sie, ob es bei Ihnen klappt."

KANN MAN DAYTRADING IN TEILZEIT PRAKTIZIEREN?

Turner sagt, dass es zwar möglich ist, in Teilzeit zu daytraden, aber nur, wenn man sich genauso gut auskennt wie Vollzeit-Trader. „Man kann nicht erwarten, Teilzeit-Trader zu sein, wenn man ohne die volle Kompetenz und Disziplin einsteigt“, warnt sie. „Das ist wie bei einem Chirurgen, der nur einen Blinddarm entfernen kann. Wenn man meint, man könnte mit Teilzeitwissen in Teilzeit traden, bringt einen der Markt um.“

Neben den Anforderungen an Kompetenz und Disziplin warnt Turner die Trader vor anderen Herausforderungen: „Alle Trading-Neulinge und sogar erfahrene Trader müssen da durch. So ist das eben. Deshalb ist es so wichtig, nur mit Geld zu handeln, dessen Verlust man sich leisten kann, und ein Polster zu haben.“ Sie empfiehlt neuen Tradern, keine Margin zu verwenden, auch wenn sie sie bekommen würden. Damit man zum erfolgreichen Trader wird, rät Turner dazu, „einen durchdachten Trading-Plan zu erstellen, sobald man einen Trade eröffnet. Platzieren Sie einen harten Stopp, sobald Sie einen Trade eingehen – das heißt, einen Protective Stop –, und zwar sofort. Das erspart Ihnen mehr Ärger als alles andere, was ich kenne. Am Anfang besteht Ihr Ziel darin, Ihr Kapital zu bewahren und auf null zu bleiben.“

JOHN KURISKO, PROFESSIONELLER DAYTRADER

John Kurisko, der auch als „Day Trader Rock Star“ bekannt ist, macht eine tägliche Video- und Radiosendung, die auf www.daytradingradio.com präsentiert wird und die sich jedermann während der

Handelsstunden ansehen kann. Kurisko erinnert sich an seine ersten Versuche, das Daytrading zu lernen: „Das war Anfang der 1990er-Jahre und ich suchte nach dem Heiligen Gral des Tradings. Ich ging in viele Chatrooms und Foren, um mich leiten zu lassen. Damals fing es gerade erst an, dass man von zu Hause aus tradet."

Nach Kuriskos Aussage war das Trading damals gleichzeitig ein bisschen wie „der Wilde Westen des Tradings. Ich weiß noch, wie ich CMGI (heute ModusLink Global Solutions) getradet habe, einen Venturecapital-Konzern. Ich kaufte 400 Aktien und weil ich als Trader unerfahren war, ging ich danach erst mal einkaufen. Als ich heimkam, war der Handel schon beendet, aber die Aktie stand 64 Punkte im Plus. In jener Nacht konnte ich nicht schlafen. Am nächsten Tag stieg die Aktie noch weiter, und als ich am Morgen verkaufte, war ich um 30.000 Dollar reicher. Ich hatte das noch nie erlebt, dass Aktien 20 oder 30 Punkte steigen. Leider haben viele Trader ihr Konto ruiniert, als das nicht mehr klappte."

Im Laufe der Zeit hat Kurisko einen Trading-Stil entwickelt, dessen Schwerpunkt auf Setups mit hoher Wahrscheinlichkeit liegt. Er bestimmt dieses Kriterium anhand von fünf technischen Indikatoren, aus denen das beste Chance-Risiko-Verhältnis beim Einstieg in eine Qualitätsaktie während eines Rücksetzers hervorgeht.

TRADES MIT HOHEN WAHRSCHEINLICHKEITEN

Eine von Kuriskos Daytrading-Richtlinien besagt, dass das Trading nicht zu kompliziert sein sollte. „Anstatt zu versuchen, den Gipfel oder den Boden zu erwischen und aus der Position ausgestoppt zu werden, sollte man lieber genug Disziplin und Geduld haben, dem Kurstrend zu folgen. Viele Menschen werden gierig und wollen etwas erzwingen."

Der Schlüssel liegt seiner Meinung nach darin, dass man geduldig abwartet, bis ein Setup mit hoher Wahrscheinlichkeit vorliegt. „Viele Menschen wissen nicht, dass das Geheimnis, wie man ein erfolgreicher Daytrader ist, darin besteht, Geduld zu haben."

Im Unterschied zu vielen anderen Tradern fühlt sich Kurisko nicht so wohl damit, Aktien zu shorten: „Vielleicht liegt das an meiner optimistischen Natur, aber ich begebe mich nicht auf beide Seiten des Marktes. Wenn ich sehe, dass eine Aktie einen Höhepunkt überschreitet, warte ich, bis sie ein Niveau erreicht, auf dem ich long gehen kann. Mir ist das Shorten zu hart. Ich will nicht bei dem Versuch, ein Top zu finden, zerstückelt werden."

Konkret besteht Kuriskos ideales Setup darin, dass er hochwertige Aktien tradet, die einen Rücksetzer vollziehen: „Für mich bedeutet ein Trade mit hoher Wahrscheinlichkeit, dass der Preis einer hochwertigen Aktie an die Trendlinie zurücksetzt und anfängt, wieder zu steigen. Das ist Trading nach dem Lehrbuch, kein Glücksspiel. Das Aufregende daran ist, dass ein solcher Trade ganz leicht ist, wenn man ihn sieht. Solche Trades könnte ich den ganzen Tag lang machen. Alle Indikatoren passen zusammen und die Aktie federt zurück. Entscheidend ist, dass man nicht gierig wird und danach etwas anderes macht."

Laut Kurisko ist es viel leichter, anlässlich eines Pullbacks zu kaufen und sich an den Trend des Marktes zu halten, als zu versuchen, das Top oder den Boden zu erwischen. „Man braucht Geduld und Disziplin, um die Aktie in einen Bereich sinken zu lassen, aus dem sie wieder zurückfedern wird. Das kann am Montag, am Dienstag oder am Mittwoch passieren. Man läuft ihr nicht nach. Man hat seinen Geschäftsplan und wartet, bis Aktien das passende Setup ausbilden. Ich kaufe und verkaufe sie emotionslos. Das ist eine hervorragende Art, seinen Lebensunterhalt zu verdienen."

DIE SUCHE NACH KAUFBAREN AKTIEN

Kurisko führt gern eine Liste von Aktien, die er beobachtet – seine „Fokusliste". „Ich gehe am Abend Hunderte von Aktien durch, die nach Setups mit hoher Wahrscheinlichkeit aussehen. Größtenteils schaue ich mir die Aktien im S&P 500 an, weil das Qualitätsaktien sind, die bereits nach Sektoren aufgeschlüsselt sind." Er hat seine eigenen Kriterien aufgestellt, zum Beispiel Aktien, die an eine Trendlinie zurücksetzen. Außerdem müssen sie sich oberhalb ihrer 200-Tage-Linie befinden. Und schließlich sucht er nach einer *Keilformation* (ähnlich einer Dreiecksformation).

„Ich bin ständig auf der Suche", gesteht Kurisko. „Ich habe in meinem Büro sieben Monitore mit über 80 Aktien. Dann habe ich noch Charts von den zwölf Aktien, die ich hauptsächlich beobachte. Ich suche ständig nach Divergenzen und steilen Zunahmen der Kauftätigkeit." Kurisko sagt, da er ständig auf Sendung ist, „muss ich als Augen und Ohren meiner Zuschauer agieren".

Im Unterschied zu manchen anderen Tradern verwendet Kurisko für die Beobachtung seiner Fokusliste kein Level II. „Ich bin nie richtig in Level II eingestiegen. Mir hat nicht gefallen, dass plötzlich diese Phantomorders auftauchen und wieder verschwinden. Gut an Level II ist, dass man die 10.000-Aktien-Orders sieht, die ein bestimmtes Preisniveau halten. Schlecht daran ist, dass manche dieser Orders nicht echt sind. Außerdem erscheinen Preisbewegungen immer schon im Chart, bevor sie in Level II erscheinen."

Deshalb ist Time and Sales für Kurisko nützlicher. „Das schaue ich mir manchmal an, um ein Gefühl für den Umfang der durchlaufenden Orders zu bekommen", so Kurisko. „Das sagt mir, ob Daytrader oder institutionelle Käufer am Markt sind. Wenn eine 10.000-Aktien-Order durchläuft, sagt mir der Time and Sales das."

Außerdem verwendet er eine einfache Scansoftware, um Aktien zu finden, die seinen Kriterien entsprechen. „Ich suche beispielsweise nach Aktien, die sich zwischen der 20- und der 50-Tage-Linie bewegen, oder nach einer Aktie, die laut Stochastik überverkauft ist. Das hält mich vom Müll fern. Ich würde aber nicht empfehlen, 900 Dollar für ein Programm zu bezahlen, das man auch für 49 Dollar bekommt."

Außer für Scansoftware bezahlt Kurisko auch für Nachrichtendienste, die ihm seiner Meinung nach einen Vorsprung verschaffen. „Ich möchte schon wissen, ob es aktuelle Nachrichten gibt, bevor sie im Fernsehen gebracht werden. Bis dahin könnte es nämlich schon zu spät sein. Ich habe schon oft erlebt, dass zum Beispiel das Bruttoinlandsprodukt (BIP) mit ein paar Sekunden Verspätung gemeldet wurde. Ich muss über die Nachrichten immer auf dem neuesten Stand und immer vorbereitet sein."

KURISKOS FÜNF LIEBLINGSINDIKATOREN

„Die Signale, auf die ich achte, sind der Stochastik, Trendlinien, gleitende Durchschnitte, Unterstützungen und Widerstände sowie Chartformationen", erläutert Kurisko. „Fangen wir mit dem Stochastik an, ich möchte, dass er überverkauft ist. Dann schaue ich mir die exponentiell geglätteten gleitenden Durchschnitte (EGD) über 20, 50 und 200 Tage an. Das Tolle an den Indikatoren ist, dass sie einem dabei helfen, zu merken, wann man kaufen oder verkaufen sollte."

Außerdem möchte Kurisko Muster mit Wiedererkennungswert sehen, etwa Candlestick-Umkehrformationen oder umgekehrte Schulter-Kopf-Schulter-Formationen, die zu seiner ausschließlich long orientierten Trading-Strategie passen. Bevor er kauft oder verkauft, möchte er außerdem, dass der Aktienkurs ein Unterstützungs- oder

Widerstandsniveau berührt. Damit Kurisko einen Trade macht, brauchen nicht alle fünf Indikatoren übereinzustimmen, aber drei sollten es schon sein. „Sobald ich sehe, dass sich Formationen bilden und die Indikatoren zusammenpassen, mache ich den Trade", so Kurisko.

Wenn erkennbare Muster vorliegen, ist das immer ein zusätzlicher Bonus. „Manchmal verstehe ich nicht, wieso nicht alle Leute diese Muster sehen. Vielleicht braucht man Erfahrung, um die Krümmungen der Linien und die Reaktionen des Marktes auf das Volumen zu erkennen, denn ich sehe das, aber andere manchmal nicht. Die Untersuchung einer Formation sollte kein wissenschaftlicher Prozess sein. Sie ist einfach da."

Formationen treten in Charts auf fast allen Zeitebenen auf, vom 1-Minuten-Chart bis zum Tageschart. „Je länger der Zeitrahmen", erläutert Kurisko, „umso länger sollte man die Aktie halten. Wenn ich sehe, dass im 1-Minuten-Chart ein Muster auftritt, dann wird das ein Daytrade. Aber manchmal zieht sich eine Formation durch alle Zeitrahmen, sodass man Geduld haben muss, damit man sieht, wie sie sich entwickelt."

Kurisko verwendet zwar auch Indikatoren, aber er versucht, sie möglichst einfach zu halten. „Manchmal verwenden wir zu viele Indikatoren und verwirren uns dadurch bloß selbst. Deshalb versuche ich, höchstens fünf Indikatoren zu benutzen."

NICHT ANLÄSSLICH EINES AUSBRUCHS KAUFEN UND ANDERE REGELN

Kurisko erinnert sich: „In den alten Zeiten, als das Trading noch einfach war, konnte man einen Ausbruch kaufen und ein paar Punkte mitnehmen. Man hielt nach Aktien Ausschau, die unter hohem Volumen 52-Wochen-Hochs markierten. Alle stürzten sich darauf, weil sie wussten, dass die Aktie steigen würde. Aber jetzt muss man aufpassen, dass das keine Bullenfalle ist. Es kommt zu einem Ausbruch, aber der kippt gleich wieder."

Kurisko glaubt, dass manche Umkehrbewegungen Tradern zuzuschreiben sind, die Hochgeschwindigkeitscomputer mit Blackbox-Algorithmen einsetzen, um ein paar Pennys zu scalpen. „Das ist einer der Gründe, weshalb so viele Trader vom Markt frustriert sind. Das Timing läuft nicht mehr so wie früher und viele von den alten Regeln funktionieren nicht mehr so wie früher."

Eine Regel, an die sich Kurisko hält, ist die Verwendung harter Stopps. „Stopps können der kniffligste Teil des Tradings sein, weil der Markt manchmal den gesetzten Stoppkurs auslöst, dann aber wieder wendet und steigt. Normalerweise liegt das daran, dass man seinen Stopp an der falschen Stelle gesetzt hat." Er setzt nicht gern willkürliche Stopps – zum Beispiel einen bestimmten Prozentsatz –, sondern lässt sich von der Formation oder von dem Indikator an die richtige Stelle führen.

Wenn Kurisko aus einer Position aussteigt, tut er das gern gestaffelt. „Ich steige definitiv gern gestaffelt in eine Aktie ein oder aus einer Aktie aus. Normalerweise ziehe ich die Hälfte meiner Aktien ab, wenn der Stochastik überkauft wird oder wenn er gegen die obere Kanalbegrenzung stößt. Der Dämon in jedem Trader sagt: ‚Und was, wenn sie weiter steigt?' Seien Sie diszipliniert. Nehmen Sie die Hälfte raus, wenn Sie die Fortsetzungsbewegung mitnehmen wollen. Falls der Markt dann wendet, nehme ich den Rest der Position raus."

Aus seinen früheren Erfahrungen hat Kurisko gelernt, wie man gegen die Gier ankämpft. „Es gibt ein schmales Fenster, in dem man Geld verdienen kann, aber die Menschen wollen immer noch mehr. Sie weigern sich, zu verkaufen. Dann sackt der Markt ab und sie wollen ihr Geld zurück. Ich sage den Menschen, sie sollen so etwas nicht als Verlust betrachten. Nehmt das Geld mit und steckt es in eine andere Aktie, die wirklich steigt. Versteift euch nicht auf eine tote Aktie, steckt genauso viel Geld in eine aktive Aktie. Zwingt euch selbst, das geistig als Tauschgeschäft zu betrachten."

DAS STIGMA DES DAYTRADERS

Es ärgert Kurisko, dass es so viele falsche Vorstellungen über das Daytrading gibt. „Es gibt viele verschiedene Kategorien von Daytrading. Man kann Daytrader sein, aber trotzdem Positionen über Nacht halten. Oder man kann Positionen intraday traden. Ich glaube nicht, dass es etwas bringt, Daytradern ein Etikett anzukleben, das nach einem Stigma aussieht. Man verdient Geld, indem man Positionen dann einnimmt, wenn sie eingenommen werden sollten, ob das nun für einen Tag oder für ein paar Tage ist. Es zählt nur, dass es funktioniert." Laut seiner Aussage ist der Teilzeit-Trader manchmal im Vorteil. „Entscheidend ist, dass man sich nicht intraday von den Hochgeschwindigkeitscomputern zerstückeln lässt. Teilzeit-Trader werden nicht in die Hyperaktivität im Laufe des Tages hineingezogen, und das ist eine gute Sache." Dann fügt er noch hinzu: „Auch Vollzeit-Trader können lernen, ein bisschen herunterzufahren und nur nach denjenigen Trades Ausschau zu halten, die die größte Erfolgschance bieten. Versuchen Sie, mehr Geduld zu haben."

WIE MAN ALS DAYTRADER ERFOLGREICH WIRD

„Wenn man nicht das nötige Wissen und die notwendige Disziplin hat", warnt Kurisko, „begeht man die gleichen Fehler wie alle anderen. Man sollte nicht jeden Tag Geld verdienen müssen. Aus diesem Grund machen viele Menschen Verlust. In manchen Zeiten läuft der

Markt seitwärts oder abwärts. Das kann richtig rau werden. Wenn man versucht, in einem wechselhaften Markt long zu gehen, ist das hart. Man sollte nicht in einer Situation sein, in der man erzwingen muss, dass etwas passiert. Wenn man nach Trades Ausschau hält, weil man gelangweilt oder gierig ist, macht man Verlust."

Sobald man sich als Trader wohlfühlt und Selbstvertrauen hat, erreicht man laut Kurisko ein fast zenartiges Gefühl, eins mit dem Markt zu sein. Das ist nicht jeden Tag so, sagt er, aber es gibt Zeiten, in denen alles richtig läuft. „Man muss seinen Platz im Markt kennen."

PETER REZNICEK, PROFESSIONELLER TRADER

Wenn man erfolgreicher Daytrader sein will, braucht man eine klare Strategie und viel Disziplin – das sagt Peter Reznicek, Chefstratege und Mitgründer von ShadowTrader.net, einer Beratungsfirma, die ihren Kunden Kommentare und Coaching zum Intraday-Trading und Positions-Trading bietet. Sein Schwerpunkt und seine Expertenkenntnis beziehen sich auf die Technische Analyse von internen Marktdaten, auf die Analyse der Stärke von Sektoren und das Auffinden von wenig riskanten Gelegenheiten mit hohen Wahrscheinlichkeiten im Intraday- und Swing-Trading sowohl am Aktienmarkt als auch am Optionsmarkt. Außerdem ist Peter Direktor und Cheftrader von Translucent Capital Management, einer Vermögensverwaltung in Philadelphia.

DER MARKTEINSTIEG

„Im Intraday-Spiel wird man sehr leicht von Hunderten verschiedenen Ideen abgelenkt", so Reznicek. „Morgens hat man vielleicht vor,

Apple zu kaufen, aber wenn man nicht diszipliniert ist, kann es passieren, dass man sich noch auf 15 andere Aktiensymbole stürzt, von denen man etwas in den Nachrichten gehört hat. Und ehe man sichs versieht, steckt man in einer Reihe von Trades, die man gar nicht geplant hat."

Reznicek lässt wie viele andere Trader den Markt entscheiden, welche Art von Trade er tätigt. „Einer der gängigsten Fallstricke ist, dass die Menschen mit der falschen Annahme in den Markt gehen, sie müssten an jedem einzelnen Tag Geld verdienen. Aber eigentlich geht es in diesem Spiel eher um Monate oder Quartale."

Der Schlüssel, so erläutert er, besteht darin, Gelegenheiten zu erkennen, sobald sie sich bieten, und sich nicht unter Druck setzen zu lassen, man müsste einen Trade ausführen. „Manchmal springen einem gerade dann gute Trades ins Auge, wenn man gar nicht danach gesucht hat. Auf einmal sieht man ein Setup mit einer hohen Wahrscheinlichkeit. Der Markt sammelt sich und die Planetenkonstellation ist perfekt."

Er warnt, es sei wichtig, dass man einer Aktie nicht sagt, wie sie sich entwickeln soll: „Warum sollte Apple mindestens um einen Dollar steigen müssen, wenn es ausbricht? Warum sollte eine Aktie, die morgens Stärke gezeigt hat, so lange fest tendieren müssen, dass man sie um 15:59 Uhr verkaufen kann? Es bringt nichts, dem Markt seinen Willen aufzuzwingen."

Eine Lösung besteht laut Reznicek darin, „sich einen Chart anzuschauen und sich zu überlegen, wo der freie Platz im Chart wohl enden wird. Man sollte in den Zwischenbereichen traden, die nicht überfüllt sind. Die Preise werden von dem nächsten überfüllten Bereich angezogen wie von einem Magneten."

Er erläutert, dass die Preise den Weg des geringsten Widerstands gehen: „Der Weg des geringsten Widerstands verläuft dort, wo die

Preise nicht auf frühere Verstopfungen stoßen. Im Chart gibt es leere Räume, durch die der Preis laufen kann. Und in den Bereichen, in denen sich die Kurse stauen oder gewissermaßen auf Widerstand stoßen – dort wird der Preis anhalten." Die Kursziele sind laut seiner Erklärung Unterstützungs- und Widerstandsbereiche.

Er warnt jedoch: „Wenn man Daytrading betreibt, muss man das Risiko beachten, denn das Geschehen verläuft da viel schneller und das Tempo ist viel höher als beim Swing-Trading. Bei einem Swing-Trade hat man oft einen Stopp, der mehrere Dollar entfernt ist. Aber bei einem Daytrade liegt der Stopp viel enger und man kann blitzartig ausgestoppt werden. Man muss sich des unterschiedlichen Tempos bewusst sein."

DAYTRADING-STRATEGIEN

Eine der Daytrading-Strategien, die Reznicek anwendet, besteht darin, dass er zunächst nach Aktien sucht, die er langfristig halten wollen würde, „aber anstatt sie zu halten, steige ich aus, bevor der Tag vorbei ist. Eigentlich sind die längeren Zeitebenen die treibenden Kräfte, die hinter den Intraday-Bewegungen stehen. Das verschiebt die Chancen zu den eigenen Gunsten."

Da er seine Daytrades und seine langfristigen Trades selbst dann getrennt hält, wenn die Aktie weiter steigt, verkauft er vor Ende des Handelstages 75 bis 90 Prozent der Aktienposition. „Wenn die Aktie auf dem Tageshoch schließt, halte ich vielleicht ein paar Hundert Aktien über Nacht. Das überlege ich mir natürlich von Fall zu Fall."

Aber den Fehler, eine verlustbringende Aktie über Nacht zu halten, begeht er niemals. „Man muss zwar flexibel bleiben, aber man darf nie die Trading-Sünde begehen, einen Daytrade in einen Swing-Trade umzuwandeln, weil er Verlust bringt", so Reznicek. „Es ist durchaus in Ordnung, ein paar Stücke von einem Gewinner zu behalten, aber es ist inakzeptabel, einen Verlierer deswegen zu behalten, weil man meint, er würde sich wieder erholen."

Eine andere Daytrading-Strategie, die Reznicek anwendet, ist ein Evergreen: *Fading the gap*. Das funktioniert so: Der Markt hat über Nacht oder kurz vor Handelsbeginn ein Gap nach unten geöffnet. Und wenn der Handel beginnt, fällt der Markt weiter.

„Es ist relativ selten, dass Aktien zur Eröffnung ein Abwärtsgap öffnen und dann weiter fallen", so Reznicek. „Normalerweise passiert das Gegenteil. Aktien öffnen ein Gap nach unten, aber die meisten Gaps werden geschlossen. Dann sollte man das Gap ‚faden', also im Abwärtsgap kaufen und im Aufwärtsgap verkaufen. Als Daytrader sollte man nicht in die Richtung des Gaps gehen."

Reznicek warnt Trading-Anfänger, sie sollten mit dem Gap-Trading vorsichtig sein, weil man etwas Erfahrung braucht, um das hinzubekommen. Trotzdem lohnt es sich oft, das Gegenteil von dem zu tun, was die Masse tut.

TECHNISCHE INDIKATOREN

Reznicek setzt technische Indikatoren hauptsächlich ein, um die Marktbreite („Breadth") oder die innere Stärke des Marktes zu bestimmen. Er hat ein paar Lieblingsindikatoren: „Ich mag die Advance-Decline-Line, weil sie mir jederzeit sagt, wie viele Aktien an der NYSE am Tag steigen und wie viele fallen. Ich verwende auch den TICK der NYSE oder der Nasdaq, weil er mir sagt, wie viele Aktien an der gesamten Börse einen Tick nach oben oder nach unten gehen. Ich halte den TICK für einen nützlichen kurzfristigen Indikator."

Außerdem schaut er auf Divergenzen im TICK. Wenn beispielsweise der S&P 500 gefallen ist, aber der TICK kein aggressives neues

Tief erreicht hat, könnte das bedeuten, dass der Markt ein Tief erreicht haben und nach oben wenden könnte.

„Die innere Stärke des Marktes sagt mir, wie gesund der Markt unter der Motorhaube ist. Da die meisten einzelnen Aktien dem Gesamtmarkt folgen, ist es sinnvoll, sich zunächst den Gesundheitszustand des Gesamtmarktes anzuschauen und erst dann einzelne Aktien auszusuchen. Wenn der Markt gesund ist, kaufe ich, und wenn er ungesund und negativ ist, verkaufe ich."

Ein weiteres Werkzeug, das Reznicek gefällt, ist der Time and Sales. „Der Time and Sales hilft einem, Emotionen zu bestätigen, vor allem wenn sich der Ticker beschleunigt und man sieht, dass er Tausende Werte ausspuckt, während die Aktie ausbricht." Der Time and Sales sage einem im Gegensatz zum Level II, der häufig manipuliert sei, welche Trades tatsächlich durchgehen.

TYPISCHE MUSTER

Zusätzlich zu den technischen Indikatoren achtet Reznicek auch auf Kerzenmuster. „Ich habe gemerkt, dass man die Muster in schöne und hässliche einteilen kann. Die schönen stehen in allen Büchern. Die Aktie ist ausgebrochen und setzt unter geringerem Volumen sanft zurück, wobei sie einen Doji oder Hammer bildet. Im Buch ist ein Kreis um die Umkehrkerze gezeichnet und da steht die Anmerkung: ‚Hier kaufen.' Mit der Zeit begreift man aber, dass das nicht immer so funktioniert. Was wirklich funktioniert, ist das hässliche Muster."

Reznicek erläutert, dass das hässliche Muster fast alle zum Narren hält. Zum Beispiel auf die folgende Weise: „Es kann sein, dass die Aktie auf dem Tagestief mit einer Bärenflagge konsolidiert." Das ist eine umgekehrte Flaggenformation, die bei Aktien im Abwärtstrend häufig vorkommt. „Dann bricht die Aktie an der Bärenflagge ein, aber nur um 10 oder 20 Cent. Das ist ein hässliches Muster, ein gescheiterter Einbruch. Alle haben das schöne Muster gesucht, aber die Aktie bricht nur ein bisschen ein und wendet anschließend. Dann stehen die Chancen wirklich gut, dass sich die Aktie von dort an kräftig erholt."

Nachdem Reznicek jahrelang Formationen beobachtet hat, hat er gelernt, dass es oft am besten ist, das Gegenteil von dem zu tun, was das Muster sagt. „Warum nicht nach einem gescheiterten Muster suchen und in der Gegenrichtung darauf setzen?", fragt er. „Tun Sie das Gegenteil von dem, was nicht funktioniert."

Noch wichtiger als die Formationen einzelner Aktien, so betont Reznicek immer wieder, ist es, auf die Richtung des breiten Marktes zu achten. „Viele Menschen machen den Fehler, von einer Formation einer Aktie zur anderen zu springen, aber nicht auf den Gesamtmarkt zu achten. Sie finden ein ihrer Meinung nach bullishes oder bearishes Muster und das scheitert dann, weil sich der Markt gegen sie gewendet hat."

Das ist ein weiterer Grund, weshalb Reznicek die Indikatoren und Chartmuster vor allem verwendet, um sich den breiten Markt anzusehen, nicht einzelne Aktien. „Man sollte sich von oben nach unten vorarbeiten, nicht von unten nach oben."

EIN LETZTER RAT

Wenn man daytraden will, empfiehlt Reznicek, mit Paper-Trading anzufangen und über das Gelernte ein Journal zu führen. „Verwenden Sie für das Paper-Trading genauso viel Geld, wie Sie später traden. Machen Sie die Simulation nicht mit einer Million Dollar, wenn Sie nur mit 25.000 anfangen werden. Führen Sie genaue Aufzeichnungen und tun Sie so, als wäre alles echt."

SHORT-STRATEGIEN FÜR DAYTRADER

Timothy Sykes, Daytrader, Autor des Buches „An American Hedge Fund" und Blogger auf www.timothysykes.com, verdient mit dem Trading auf der Short-Seite mehr Geld als mit dem Handel auf der Long-Seite. „Meine durchschnittliche Haltezeit beträgt ein oder zwei Tage, ich mache also hauptsächlich Daytrading", so Sykes. „Beim Short-Trading ist schneller besser. Manchmal ist es erschreckend, der Feind aller an der Wall Street zu sein."

Sykes vergleicht das Erlernen des Short-Tradings mit Tennis. „Als ich Tennis spielte, hasste ich meine Rückhand. Ich wollte nur die Vorhand benutzen. Aber wenn ich nur an einem Schlag gearbeitet hätte, hätte ich eine große Schwäche gehabt. Das Shorten ist nichts anderes, als die Vor- und die Rückhand zu benutzen."

Sykes gibt zwar zu, dass Trading-Anfänger beim Shorten besonders vorsichtig sein müssen, aber er findet, sie sollten es lernen. „Selbst wenn man kein Shortseller wird, lernt man dadurch mehr über die Long-Seite. Man sieht dann, was die andere Seite denkt. Letztlich macht es einen zum besseren Trader, wenn man sich mit dem Shorten auskennt."

Besonders gern shortet Sykes die Aktien betrügerischer Unternehmen. „Nehmen wir an, jemand bringt einen Enthüllungsbericht, in dem es heißt, ein Unternehmen sei eine Mogelpackung. Normalerweise sacken solche Aktien an einem Tag um 10, 20 oder 30 Punkte ab. Selbst wenn man Trading-Anfänger ist, sollte man dann einsteigen, wenn das Tagestief erreicht ist." Wenn beispielsweise die Aktie XYZ von 50 auf 30 Dollar fällt, shortet Sykes sie in der Minute, in der sie unter 30 Dollar das neue Tagestief markiert.

„Ein negativer Katalysator wie ein Betrugsvorwurf reicht in Verbindung mit einem technischen Ausbruch für einen höchst profitablen Leerverkauf aus", so Sykes. Tatsächlich ist das die profitabelste aller Short-Strategien.

„Wenn eine Aktie anfängt, zu bröseln, setzen die Menschen ihre Stop-Losses genau am Boden. Ich nenne das Wellenreiten. Man surft auf einem Tsunami aus Stop-Losses. Es gibt dann so viele computergenerierte Stop-Losses, dass die Aktie innerhalb von Minuten auf 29,50 Dollar fallen kann. Aber sobald die Aktie zerbröselt, ist sie weg."

Sykes gibt allerdings zu bedenken, dass man mit Verzögerungszeiten rechnen muss. „Ich sage nicht, dass man grundlos shorten soll, wenn eine Aktie um 50 Prozent einbricht. Aber wenn sie ein neues Tief markiert – vor allem nachdem Dip-Käufer sich eingekauft haben –, bricht man den Dip-Käufern das Kreuz und die Angst gewinnt die Oberhand. Dann könnte sie um 80 Prozent absacken."

Das Risiko liegt laut Sykes darin, dass die Aktie doch nicht zusammenbricht. „Dann hat man am Boden geshortet und das ist gefährlich. Um mich zu schützen, steige ich aus, wenn eine Aktie nicht innerhalb von ein paar Minuten einbricht. Sie könnte zwar später noch einbrechen, aber da ich volatile Aktien trade, will ich kein Zurückfedern riskieren."

Das Muster, das Sykes gefällt, bezeichnet er als „Supernova", andere nennen es parabolische Bewegung.

„Ich liebe es, Aktien zu shorten, die eine Parabel beschreiben, weil sie auf *CNBC* oder in drei Börsenbriefen erwähnt wird", so Sykes. „Einer meiner stärksten Indikatoren zum Shorten ist der erste Tag, an dem eine Aktie, die mehrere Tage oder Wochen nur wegen heißer Luft gestiegen ist, zum ersten Mal fällt.

An diesem ersten Minustag wird die gesamte Dynamik herausgenommen, das führt zu einer morgendlichen Panik, in der alle Stop-Losses ausgelöst werden. Alle Momentum-Trader ergreifen die Flucht." Der Schlüssel, so erläutert Sykes, liegt darin, dass man am Vorabend shortet.

Eine weitere Strategie, die Sykes gefällt, besteht darin, in die Stärke hinein zu shorten – vor allem Penny-Stocks unter drei Dollar, die aufgrund nichtssagender Meldungen steigen. Er bezeichnet sie als „Pump and Dumps". Aktien unter drei Dollar sind nach seiner Aussage seine Spielwiese.

Um solche Aktien zu finden, sucht er volatile Aktien, die vielleicht den größten prozentualen Gewinn des Tages verzeichnen. Außerdem liest er Spam-E-Mails, in denen bestimmte Aktien angepriesen werden. „Ich sammle solche E-Mails und wette dagegen. Das sind Betrügereien, die irgendwann enthüllt werden."

Der größte Fehler, den die Menschen begehen, ist laut Sykes, dass sie zu früh shorten. „Wenn eine schrottige Aktie von 0,25 auf 1,00 Dollar steigt, kann sie auch noch auf 1,75, auf 2,75 oder auf 3,75 Dollar steigen. Deshalb ist das Timing immer ein Problem. Aber wie gesagt, ich warte den ersten Verlusttag ab, der das Tagestief knackt. Bei Momentum-Aktien klappt das hervorragend."

Bevor Sie eine bestimmte Aktie shorten, stellen Sie immer sicher, dass sich die Brokerfirma genügend Aktien leihen kann. Sie leiht sich die Aktien von Kunden, die die Aktie gekauft haben, und wenn nicht genug Anleger long stehen, gibt es keine Aktien.

Interessanterweise shortet Sykes keine Indizes wie den S&P 500. „Man hat keinen Vorteil, wenn man Indizes shortet", so Sykes. Er zieht gern einen Vorteil aus Angst, übertriebener

Werbung und Manipulationen, und bei Indizes ist das schwierig. Sykes weitere Hauptregeln für das Shorten:

1. Eine steigende Aktie nicht einfach deshalb shorten, weil man meint, sie würde einbrechen.
2. Aussteigen, sobald sich eine geshortete Aktie gegen einen wendet. Ihr keine Chance geben, einem einen großen Verlust zu bescheren.
3. Beim Shorten geht alles sehr schnell – deshalb alle Gewinne mitnehmen, die einem der Markt schenkt.
4. Sich Zeit nehmen, um zu lernen, wie man shortet.

KAPITEL 8

DIE HAUSAUFGABEN MACHEN

Die vielen warnenden Bemerkungen in diesem Buch sind nicht dazu gedacht, Sie zu entmutigen, sondern Sie auf die Herausforderungen aufmerksam zu machen, vor denen Sie stehen. Denn schließlich verdienen Schätzungen zufolge nur fünf Prozent der Menschen, die es versuchen, als Daytrader konsequent ihren Lebensunterhalt. Wenn man entschlossen ist, Daytrader zu werden, lässt man sich nicht von etwas abschrecken, was irgendjemand sagt oder schreibt. Ich weiß von Daytradern, die jahrelang zu kämpfen hatten, bis sie es schließlich schafften. Sie liebten das Daytrading wirklich. Sie liebten auch die Tatsache, dass sie etwas erreichen konnten, von dem die meisten Menschen bloß träumen.

Wenn Sie andererseits nach der Lektüre dieses Buches überzeugt sind, dass das Daytrading nichts für Sie ist, dann freut es mich, Ihnen bei Ihrer Entscheidung geholfen zu haben. Letztlich haben Sie dadurch

Zeit und Geld gespart. Und wenn Sie Daytrading betreiben, weil Sie das für eine einfache Art halten, Geld zu verdienen, dann habe ich Ihnen ein Vermögen erspart: Es ist nämlich keine einfache Art, Geld zu verdienen.

Wenn Sie sich nicht die Zeit nehmen, die dafür nötigen Fähigkeiten zu erlernen, oder wenn Sie nicht die Disziplin haben, sich an die Regeln zu halten, dann sollten Sie nicht daytraden. So wie nicht jeder professioneller Golfspieler oder Arzt werden kann, so ist auch nicht jeder als Daytrader geeignet.

Bevor Sie daytraden können, müssen Sie sich selbst und Ihre Persönlichkeit wirklich verstehen. Das ist ein Grund, warum so viele Neulinge im ersten Jahr Geld verlieren. Die emotionalen Herausforderungen des Daseins als Daytrader sind zehnmal so groß wie das Erlernen der Werkzeuge und der Software.

DER GEDULDIGE DAYTRADER

Hoffentlich haben Sie auch gelernt, dass Sie nicht Hunderte von Trades am Tag machen müssen, um erfolgreich zu sein. Manchmal ist es der klügste Schachzug, am Spielfeldrand abzuwarten. Der Bestsellerautor und Investor Jim Rogers ist zwar kein Daytrader, aber in dem Buch „Magier der Märkte" hat er Folgendes geschrieben: „Eine der besten Regeln, die man in Bezug auf die Geldanlage lernen kann, lautet, so lange nichts – absolut nichts – zu tun, bis es etwas zu tun gibt [...]. Ich warte einfach, bis Geld in der Ecke liegt, dann brauche ich nur noch hinzugehen und es aufzuheben. In der Zwischenzeit mache ich gar nichts."

Rogers wartet, bis er Investments mit hoher Erfolgswahrscheinlichkeit findet, und wenn er keine findet, wartet er geduldig auf die nächste Gelegenheit.

WAS MAN VON DAYTRADERN LERNEN KANN

Zwar sticheln viele Menschen gegen die Daytrader, weil sie eine so kurzfristige Geisteshaltung haben, aber man kann von ihnen viel lernen. Zum Beispiel lernen Daytrader frühzeitig, dass man, wenn man überleben will, schnell aus Verliereraktien aussteigen muss. Einen professionellen Daytrader, der eine Aktie beobachtet, hört man selten sagen: „Ich hoffe …“ Er verlässt sich nicht auf seine Hoffnung, sondern auf Werkzeuge und Charts sowie auf Disziplin, Mut und die Fähigkeit, unter Stress Entscheidungen zu treffen. Das sind nur ein paar der Gewohnheiten höchst erfolgreicher Daytrader.

DAS GESAMTBILD SEHEN

Selbst für Daytrader ist es immer nützlich, mit einem Auge auf das Gesamtbild zu schauen, ob nun bei der Verwendung von Charts oder bei der Analyse von Markttrends.

Manchmal konzentrieren sich Menschen so sehr auf die kleinsten Einzelheiten, dass sie nicht erkennen, was wirklich passiert. Wie der legendäre Trader Jesse Livermore einmal gesagt hat, ist es in Bullenmärkten leichter, bullish zu sein, und in Bärenmärkten leichter, bearish zu sein.

Versuchen Sie darüber hinaus stets, möglichst einfach vorzugehen. Nur zu viele Trader lassen sich von den blinkenden Lichtern und den bunten Farben ablenken, aber wenn man erfolgreich sein will, muss man sich auf das konzentrieren, was wirklich wichtig ist. Das braucht zwar ein wenig Zeit, aber irgendwann werden Sie gelernt haben, wie das geht.

STUDIEREN SIE DEN MARKT

Selbst nach der Lektüre dieses Buches dürften Sie noch Fragen haben. Eine Frage, die Trading-Neulinge oft stellen, lautet: „Wie lange dauert es, bis man in die Gewinnzone kommt?“ Sie sollten aber lieber fragen: „Wie viel Mühe muss ich aufwenden, bis ich wirklich weiß, was ich tue?“ Die Antwort lautet zwar für jeden Menschen anders, aber entscheidend ist, dass man seine Hausaufgaben macht.

Lesen Sie vor der Platzierung Ihres ersten Trades Bücher, lernen Sie und erkunden Sie, bevor Sie echtes Geld in den Markt stecken. Den Aktienmarkt zu verstehen ist ein fortgesetztes, lebenslanges Streben. Zwar bietet Ihnen das vorliegende Buch eine nützliche Einführung in das Daytrading, aber den nächsten Schritt müssen Sie tun. Weiter hinten finden Sie zusätzliche Informationsquellen, unter anderem weitere Bücher, die Ihnen auf Ihrer Reise helfen werden.

Wie schon gesagt: Wenn sich Ihnen bei der Lektüre des Buches Fragen stellen, rufen Sie das Helpdesk Ihres Brokers an. Wenn Sie Kunde sind, müsste der Vertreter Ihres Brokers eigentlich Ihre Fragen beantworten.

WIE MAN AUF AKTIENIDEEN KOMMT

Vielleicht sind Sie bereit, loszulegen, aber Sie fragen sich, wie man auf bestimmte Aktien kommt. Das ist eine sehr berechtigte Frage! Erstens verlassen sich viele erfahrene Trader auf Echtzeit-Aktien-Scanprogramme, die ihnen Daytrading-Kandidaten liefern. Das kann eine Software sein, die zur Handelsplattform Ihrer Brokers gehört, oder die eines Drittanbieters. Ziel ist es, Aktien zu finden, die zwar volatil genug sind, um Ihnen Geld einzubringen, die aber nicht unbedingt die volatilsten sind. Außerdem erstellen viele Trader eine

Watchlist mit Aktien, die gute Daytrading-Kandidaten sein könnten (viele dieser Aktien tauchen in der Liste der aktivsten Aktien auf). Im Laufe der Zeit werden Sie Dutzende (oder auch nur ein paar) Aktien auf Ihrer persönlichen Watchlist haben. Schon sehr bald werden Sie täglich ein ganzes Universum aus Aktien und Sektoren beobachten.

Wenn Sie zusätzliche Aktienideen wollen, können Sie einem professionellen Daytrader in Aktion zuhören und zuschauen. Unter www.daytradingradio.com finden Sie einen ständigen Livefeed von John Kurisko, den ich für dieses Buch interviewt habe. Sie können ihm zusehen, wie er Trades macht, Formationen identifiziert, Aktien für den Kauf oder Verkauf auswählt und Gäste interviewt. Dadurch bekommen Sie einen realen Einblick in die Welt eines Daytraders und können erweitern, was Sie in diesem Buch gelernt haben. Und wenn Sie sich fragen, wie Sie Ihre erste Aktie auswählen sollen, bekommen Sie schließlich von Kurisko ein paar Ideen, indem Sie ihm zuschauen (zu Ihrer Information: ich bin mit Day Trading Radio in keiner Weise geschäftlich verbunden).

EIN TAG IM LEBEN EINES DAYTRADERS

Damit Sie noch mehr Einblicke bekommen, bietet Ihnen das nun folgende Tagebuch Hinweise darauf, wie sich andere Daytrader auf den bevorstehenden Handelstag vorbereiten.
Vergessen Sie nicht, dass jeder Daytrader seinen persönlichen Trading-Plan hat, sodass es keinen einzig richtigen Weg gibt.
Und da Teile dieses Tagebuchs von erfahrenen Tradern stammen, machen Sie sich nichts daraus, wenn Ihnen manche Ideen verwirrend vorkommen.
Die Uhrzeiten sind in New Yorker Zeit angegeben.

19:00 Uhr am Abend vor Markteröffnung

- Gehen Sie profitable und unprofitable Trades durch und machen Sie sich im Trading-Journal Notizen.
- Schreiben Sie die gelernten Lektionen auf und gehen Sie etwaige vorherige Fehler durch. Sie werden natürlich Fehler machen, aber Ziel ist es, nicht zuzulassen, dass Sie sie wiederholen.
- Falls Sie Positionen über Nacht gehalten haben, müssen Sie sicher sein, dass der Grund für das Halten immer noch gilt. Überprüfen Sie aktuelle Trades ständig.
- Beginnen Sie, eine Strategie für den nächsten Tag zu planen.

21:30 Uhr

- Sehen Sie einzelne Aktiencharts nach Kauf- oder Verkaufsideen durch.
- Setzen Sie eine Handvoll technische Indikatoren in den Charts ein, um Hinweise auf die Marktrichtung zu bekommen.
- Fangen Sie mit der Formulierung eines Trading-Plans an.

8:00 Uhr

- Durchsuchen Sie Finanzzeitungen und Finanz-Websites wie Marketwatch, Briefing, Yahoo! Finance und Bloomberg nach aktuellen Meldungen und potenziellen Aktienideen.
- Legen Sie Aktiencharts, Order-Eingabefenster und technische Indikatoren an.
- Schalten Sie einen Finanzfernsehsender wie *CNBC* oder *Bloomberg* ein.

- Beobachten Sie die großen Indizes wie den Dow Jones Industrial Average (DJIA), den S&P 500 und den Nasdaq Composite auf Hinweise für die Marktrichtung hin.
- Beobachten Sie die Stärke oder Schwäche von Aktiensektoren.
- Entscheiden Sie, welche Indizes oder Aktien Sie anhand des bisherigen Researchs traden wollen.
- Gehen Sie eine Liste von Aktien oder börsennotierten Fonds (ETFs) durch.

Viele Trader schreiben die konkreten Schritte auf, die sie brauchen, und erstellen auf diese Weise eine „Trading-Checkliste", ähnlich wie die, die ein Pilot vor dem Start durchgehen muss. Stellen Sie außerdem sicher, dass Sie gut ausgeruht sind, genug gegessen und Sport getrieben haben, bevor Sie traden. Bevor der Markt eröffnet, brauchen Sie einen klaren Kopf. Und wenn Sie das Gefühl haben, dass Sie nicht mit dem Markt harmonieren, ist das auch in Ordnung. Nehmen Sie sich dann den Tag frei oder gehen Sie vom Computer weg und kommen Sie später wieder, wenn Sie bereit sind für ein großes Spiel.

9:30 Uhr, Handelsbeginn

- Managen Sie alle laufenden Positionen
  Nutzen Sie Ausbrüche, um etwaige schlechte Trades in Ihrem Portfolio zu schließen. Wenn Sie Zweifel haben, steigen Sie aus dem Trade aus.
- Beobachten Sie weiterhin Aktien- oder ETF-Sektoren. Identifizieren Sie einzelne Aktien oder ETFs, mit denen Sie handeln wollen.

- Studieren Sie Marktindikatoren, um den Markt zu beobachten, und suchen Sie in technischen Indikatoren nach Hinweisen auf die Marktrichtung. Indikatoren können Ihnen bei der Bestimmung von Einstiegs- und Ausstiegspunkten helfen.

15:30 Uhr, in 30 Minuten schließt der Handel.

- Daytrader schließen etwaige offenen Positionen.

16:00 Uhr, der Handel schließt.

ABB. 8.1: DER DAYTRADER

Künstler: Randy Ruether

DIE SCHLUSSGLOCKE: WIE ES WEITERGEHT

Nun, da Sie wissen, was es bedeutet, Daytrader zu sein, ist es Ihre Entscheidung, was Sie als Nächstes tun. Sie können weiter lernen, Research betreiben und meinen Rat befolgen, dass man üben sollte, bevor man am Markt echtes Geld einsetzt. Oder Sie eröffnen Ihr erstes Trading-Konto. In beiden Fällen war es mein Ziel, Sie emotional auf einen harten Kampf vorzubereiten.

Wenn Sie weitermachen, denken Sie daran, sich weiterzubilden. Es gibt immer etwas Neues zu lernen: neue Techniken, neue Strategien und neue Software. Da sich der Markt im Laufe der Zeit verändert, gibt es für jemanden, der informiert und aufmerksam ist, immer wieder Gelegenheiten.

Ich möchte Ihnen danken, dass Sie sich die Zeit genommen haben, mein Buch zu lesen. Wenn ich Ihnen helfen konnte, Geld zu verdienen oder zu sparen, freut mich das sehr. Am wichtigsten ist mir aber die Hoffnung, Sie dazu motiviert zu haben, dass Sie weiterhin etwas über den Aktienmarkt lernen.

Viel Glück – und gehen Sie immer nur einen Tag nach dem anderen an!

WIE SIE MICH KONTAKTIEREN KÖNNEN

Wenn Sie irgendwelche Fragen haben, können Sie mir gern unter msincere@gmail.com schreiben oder meine Website www.michaelsincere.com besuchen. Lassen Sie es mich bitte auch wissen, wenn Ihnen Fehler auffallen, für die ich verantwortlich bin.

Ich freue mich immer, von Ihnen zu hören.

ANHANG A

RESSOURCEN FÜR DAYTRADER

BÜCHER FÜR TRADING-ANFÄNGER

Kahn, Michael: *Technische Analyse. Mit Charts Kurstrends frühzeitig erkennen,* Financial Times Prentice Hall 2001.
Eine leicht verständliche Einführung in die Technische Analyse und technische Indikatoren.

Arps, Jan: *The Complete Idiots Guide to Technical Analysis,* Alpha 2010.
Eine benutzerfreundlich geschriebene Einführung in die Technische Analyse.

O'Neil, William: *Wie man mit Aktien Geld verdient,* Börsenmedien 2011.
Dieser Bestseller zeigt Anlegern, wie man anhand eines regelbasierten, systematischen Ansatzes am Markt profitiert.

Murphy, John J.: *Visuelle Aktienanalyse: Wie man Börsentrends aufspürt,* Börsenmedien 2011.
Eine durchdachte Einführung in die Technische Analyse und die Feinheiten der Verwendung von technischen Indikatoren.

DiPietro, Josh: *The Truth about Day Trading Stocks,* Wiley 2009.
Eine Icherzählung über die Sorgen und Nöte eines Daytraders und darüber, was der Autor dabei gelernt hat.

Darvas, Nicolas: *Die Darvas Methode: Wie ich zwei Millionen Dollar an der Börse gewann,* Börsenmedien 1997.
Ein alter Bestseller darüber, wie ein Börsenneuling mithilfe von Unterstützungen und Widerständen am Aktienmarkt ein Vermögen verdient.

Turner, Toni: *A Beginner's Guide to Short-Term Trading,* Adams Media 2008.
Ein leicht lesbarer Bestseller für Trading-Neulinge über kurzfristige Trading-Taktiken und Tools einschließlich technischer Indikatoren.

Turner, Toni: *A Beginner's Guide to Day Trading Online,* Adams Media 2007.
Dieser bahnbrechende Bestseller gab Anfängern als erster eine Schritt-für-Schritt-Erklärung in freundlichem, humorvollem Ton.

Logue, Ann: *Day Trading for Dummies,* Wiley 2007.
Ein in freundlichem Ton geschriebener Überblick über das Daytrading.

Schwager, Jack: *Magier der Märkte,* Börsenmedien 2004.
Schwager, Jack: *Magier der Märkte 2,* Börsenmedien 2007.
In diesen beiden Klassikern taucht der Autor in die Denkweise profitabler Trader ein.

Lefevre, Edwin: *Jesse Livermore. Das Spiel der Spiele,* Tm Börsenverlag 2007.
Klassiker und Pflichtlektüre über Jesse Livermore, einen legendären Trader aus dem frühen 20. Jahrhundert.

Rockefeller, Barbara: *Technical Analysis for Dummies,* Wiley 2004.
Eine leserfreundlich geschriebene Einführung in die Technische Analyse.

Link, Marcel: *Schritt für Schritt zum erfolgreichen Trader: Mit der größten Wahrscheinlichkeit zum Erfolg,* FinanzBuch Verlag 2007.
Unterhaltsames, realistisches Buch darüber, wie man als Trader mit hohen Wahrscheinlichkeiten erfolgreich wird.

Elder, Alexander: *Die Formel für Ihren Börsenerfolg,* FinanzBuch Verlag 2000.
Bestseller darüber, wie man die psychologischen Herausforderungen des Marktes meistert und wie man beim Traden technische Indikatoren einsetzt.

Douglas, Mark: *Der disziplinierte Trader,* FinanzBuch Verlag 2003.
Bestseller über die Psychologie des Tradings und was man braucht, um seine Emotionen zu überwinden.

BÜCHER FÜR ERFAHRENE TRADER

Tharp, Van K.: *Super Trader: So erzielen Sie konstante Gewinne in steigenden und fallenden Märkten*, FinanzBuch Verlag 2009.

Bernstein, Jake: *The Ultimate Day Trader*, Adams Media 2009.

Morris, Gregory: *Candlestick Charting Explained*, McGraw-Hill 2006.

Elder, Alexander: *Come into My Trading Room*, Wiley 2002.

Pring, Martin J.: *Martin Prings Börsen-Techniken*, Tm Börsenverlag 1994.

Douglas, Mark: *Trading in the Zone*, Prentice Hall 2001.

Nison, Steve: *Technische Analyse mit Candlesticks*, FinanzBuch Verlag 2004.

Achelis, Steven B.: *Technical Analysis from A to Z*, McGraw-Hill 2000.

Murphy, John J.: *Technische Analyse der Finanzmärkte*, FinanzBuch Verlag 2006.

NÜTZLICHE WEBSITES FÜR TRADER UND ANLEGER

finance.yahoo.com (Yahoo! Finance)
money.cnn.com (Money)
www.activetrademag.com (Active Trader Magazine)
www.barrons.com (Barron's)
www.bigcharts.com (Big Charts)
www.bloomberg.com (Bloomberg)
www.briefing.com (Briefing)
www.candlecharts.com (Candlecharts)
www.cboe.com (Chicago Board Options Exchange)
www.cnbc.com (CNBC)
www.decisionpoint.com (Decision Point)
www.daytradingradio.com (Day Trading Radio)
www.fool.com (Motley Fool)
www.forbes.com (Forbes Magazine)
www.ft.com (Financial Times)
www.google.com/finance (Google Finance)
www.investopedia.com (Investopedia)
www.investors.com (Investor's Business Daily)
www.investorwords.com (Investor Words)
www.ise.com (International Securities Exchange)
www.kiplinger.com (Kiplinger)
www.marketwatch.com (Marketwatch)
www.moneyshow.com (The Money Show)
www.morningstar.com (Morningstar)
www.nasdaq.com (Nasdaq)

www.nyse.com (New York Stock Exchange)
www.optionseducation.org (Options Industry Council)
www.quote.com (Quote.com)
www.seekingalpha.com (Seeking Alpha)
www.sfomag.com (Stocks, Futures, and Options Magazine)
www.smartmoney.com (Smart Money)
www.stockcharts.com (Stockcharts)
www.thekirkreport.com (The Kirk Report)
www.thestreet.com (Real Money und The Street)
www.traders.com (Stocks and Commodities Magazine)
www.tradersexpo.com (Trader's Expo)
www.tradersnarrative.com (Trader's Narrative)
www.tradingmarkets.com (Trading Markets)
www.wsj.com (Wall Street Journal)

AKTIENFOREN

Hier einige der populärsten Trading-Foren. Weitere finden Sie mithilfe einer Internet-Suchmaschine:

groups.google.com (Google)
messages.yahoo.com (Yahoo!)
www.elitetrader.com (Elite Trader)
www.investors.com (IBD Community)
www.investorvillage.com (Investor Village)
www.ragingbull.com (Raging Bull)
www.siliconinvestor.com (Silicon Investor)
www.trade2win.com (Trade 2 Win)
www.traders-talk.com (Trader's Talk)

ANHANG B

GLOSSAR

ADVANCE-DECLINE-LINE

Dieser Indikator gibt den laufenden Stand der steigenden abzüglich der fallenden Aktien pro Tag an.

AKTIE

Eine Eigentumsbeteiligung, die von einem Unternehmen an Aktionäre ausgegeben wird.

ALLES ODER NICHTS (AON)

Eine Anweisung an eine Brokerfirma, die verlangt, dass entweder alle Aktien einer Order ausgeführt werden oder gar keine.

ARMS INDEX (TRIN)

Mithilfe dieses Indikators für die Marktbreite kann man überkaufte und überverkaufte Situationen erkennen.

ASK (PRICE), VERKAUFSPREIS, BRIEFKURS

Der niedrigste Preis, den ein Verkäufer für ein bestimmtes Wertpapier zu akzeptieren bereit ist. Der Preis, zu dem es zum Verkauf angeboten wird.

AUFSTEIGENDES DREIECK

Eine bullishe Formation, die sich während eines Aufwärtstrends bildet und wie ein Dreieck aussieht.

AUSBRUCH/BREAKOUT

Eine Preisbewegung, die unter hohem Volumen entweder eine Widerstandslinie überschreitet oder eine Unterstützungslinie unterschreitet.

BAISSE/BÄRENMARKT

Eine Situation am Aktienmarkt, in der die Anleger bedrückt sind, die Preise von Aktien und anderen Wertpapieren fallen und die marktbreiten Indizes von ihren Hochs aus um mindestens 20 Prozent abgesackt sind.

BID (PRICE), ANKAUFSKURS, GELDKURS

Das ist der höchste Preis, den ein Käufer bereit ist, für ein bestimmtes Wertpapier zu bezahlen, und der beste Preis, den der Verkäufer für ein auf dem Markt verkauftes Papier erzielen kann.

BOLLINGER-BÄNDER

Dieser Indikator hilft Tradern, überkaufte und überverkaufte Bedingungen zu erkennen.

BOND/ANLEIHE

Ein Darlehen, das von einem Staat, einer Kommune oder einem Unternehmen vergeben wird, um sich Kapital zu beschaffen.

BÖRSENNOTIERTE FONDS (ETFS, EXCHANGE TRADED FUNDS)

Investmentfonds, die wie Aktien gehandelt werden, aber einen Index, einen Rohstoff, eine Währung oder einen Korb aus Vermögenswerten, zum Beispiel aus Aktien, nachbilden.

BUY AND HOLD

Eine Anlagestrategie, bei der ein Anleger Aktien kauft und sie auf unbestimmte Zeit hält, ungeachtet kurzfristiger Fluktuationen des Marktes.

BUY-STOP-ORDER

Eine Order über den Kauf eines Wertpapiers über dem aktuellen Verkaufspreis.

CALL-OPTION

Eine Call-Option ist ein Finanzkontrakt, der dem Käufer das Recht gibt, aber nicht die Pflicht auferlegt, einen Vermögenswert bis zu einem bestimmten Zeitpunkt zu kaufen, wenn bestimmte Auflagen erfüllt sind.

CANDLESTICK/KERZENCHART

Ein beliebter Typ von Preischart, der das Hoch, das Tief, den Eröffnungs- und den Schlusskurs jeder Periode angibt und den man für Trading-Signale verwenden kann.

CHANCE-RISIKO-VERHÄLTNIS (CRV)

Eine von Anlegern und Tradern verwendete Kennzahl, die das Risiko eines bestimmten Trades gegen den potenziellen Ertrag abwägt.

DARK CLOUD COVER

Eine bearishe Kursformation im Kerzenchart, bei der auf eine lange weiße Kerze eine schwarze Kerze folgt.

DIVERGENZ

Wenn sich der Preis eines Vermögenswerts in die entgegengesetzte Richtung eines Indikators bewegt.

DRAGONFLY DOJI

Eine Preisformation im Kerzenchart, die Unentschlossenheit

seitens der Trader widerspiegelt. Eröffnungs- und Schlusskurs der Aktie sind gleich, was darauf hindeutet, dass sich der Trend an einem Wendepunkt befinden könnte.

DRAWDOWN

Die Menge an Kapitalverlust, die auf dem Konto aufgrund eines Trades oder einer Reihe von Trades entstehen kann.

DREIECK

Eine Chartformation, die wie ein Dreieck aussieht. Aufgrund tieferer Hochs und höherer Böden wird der Preisbereich enger.

EXPONENTIELLER GLEITENDER DURCHSCHNITT

Ein Typ des gleitenden Durchschnitts, der verwendet wird, um langfristige Trends vorwegzunehmen. Er zeigt den Durchschnittswert der zugrunde liegenden Daten und gewichtet dabei die am kürzesten zurückliegenden Perioden am stärksten.

FEDERAL RESERVE (FED)

Die Fed ist das 1913 gegründete Notenbanksystem der Vereinigten Staaten, das für die Überwachung der Geldmenge, der Zinsen und des Kreditaufkommens zuständig ist.

FILL OR KILL

Die Anweisung an einen Broker, die Order eines Traders entweder vollständig auszuführen oder sie zu streichen.

FLASH CRASH

Damit ist der Börsencrash am 6. Mai 2010 gemeint, der den Aktienmarkt innerhalb von Minuten um mehr als 600 Punkte abstürzen ließ. Danach erholte er sich wieder von den Verlusten. Die Schuld wurde einer fehlgeleiteten E-Mini-Options-Order zugeschrieben.

FUNDAMENTALANALYSE

Eine Methode, eine Aktie oder ein anderes Wertpapier anhand der Überprüfung des zugrunde liegenden Unternehmens zu bewerten, beispielsweise anhand von Abschlüssen, Mitbewerbern und der Unternehmensleitung.

FUTURES-KONTRAKT

Ein Kontrakt zwischen zwei Parteien über den Kauf oder Verkauf eines Vermögenswerts (zum Beispiel Rohstoffe, Devisen, Optionen) zu einem bestimmten künftigen Zeitpunkt und zu einem bestimmten Preis.

GESTAFFELTER EINSTIEG ODER AUSSTIEG

In eine Position schrittweise einsteigen oder schrittweise aus ihr aussteigen, während der Preis steigt oder fällt.

GOOD 'TIL CANCELED (GTC)

Die Anweisung an den Broker, eine Order über den Kauf oder Verkauf eines Wertpapiers so lange aktiv zu halten, bis der Limit-Preis erreicht wird, selbst wenn das Tage oder Wochen dauert.

HAMMER

Der Hammer ist eine Candlestick-Formation, die sich bildet, wenn ein Wertpapier nach Handelsbeginn weit fällt, dann aber wieder steigt und oberhalb des Tagestiefs schließt.

HEDGE

Eine Hedge wird zur Begrenzung von Verlusten eingesetzt. Dabei nimmt man eine Position in einem Wertpapier ein, welche die Position eines damit in Zusammenhang stehenden Wertpapiers ausgleicht.

HOCHFREQUENZ-TRADING/HOCHFREQUENZHANDEL

Eine computerisierte Trading-Strategie, bei der mithilfe von leistungsfähigen Computern und komplexen Algorithmen mit hoher Geschwindigkeit und mit kurzen Halteperioden viele Trades ausgeführt werden.

INTRADAY

Dieser Begriff bedeutet, dass man Wertpapiere innerhalb eines Handelstages kauft oder verkauft.

KAPITALERTRAG

Ein Gewinn oder Ertrag, den man realisiert, wenn ein Vermögenswert – zum Beispiel eine Aktie, eine Anleihe oder eine Immobilie – zu einem höheren als dem Kaufpreis verkauft wird.

KAPITALVERLUST

Ein Verlust, der realisiert wird, wenn ein Vermögenswert zu einem niedrigeren als dem Kaufpreis verkauft wird.

KAUFKRAFT

Das gesamte auf einem Brokerkonto vorhandene Geld, das dem Trader für den Kauf von Wertpapieren (sowie die Möglichkeit, sich Wertpapiere zu leihen und vorhandene Papiere als Sicherheit einzusetzen) zur Verfügung steht.

KEIL

Eine Chartformation, die einem Dreieck ähnelt, wobei der Preisbereich im Laufe der Zeit schmaler wird, aber beide Linien zwar in die gleiche Richtung laufen, jedoch verschieden steil.

LEVEL-I-KURS

Level-I-Kurse sind die gängigsten Echtzeit-Geld- und Briefkursangaben für alle Aktien.

LEVEL-II-KURS

Level-II-Kurse sind die gängigsten Echtzeit-Geld- und Briefkursangaben für Nasdaq-Marketmaker.

LEVEL III

Level III ist ein Trading-Dienst, mit dem NASD-Mitgliedsfirmen Kurse stellen und Orders ausführen können.

LEVERAGE/HEBEL

Leverage ist eine Methode, bei der man geliehenes Kapital einsetzt, um seine Gewinne beziehungsweise Verluste zu vervielfachen, und die somit den Anlageertrag steigern (oder vermindern) kann.

LIQUIDITÄT

Die Liquidität gibt an, wie schnell man auf dem gleichen Preisniveau in ein Wertpapier einsteigen oder aus ihm aussteigen kann.

LONG-POSITION

Eine Long-Position bedeutet, dass der Anleger ein Wertpapier hält und hofft, davon zu profitieren, wenn sein Preis steigt.

MARGIN-KONTO

Ein Typ von Brokerkonto, bei dem sich der Kunde von der Brokerfirma Geld für den Kauf von Wertpapieren leihen kann.

MARGIN CALL/NACHSCHUSSFORDERUNG

Die Aufforderung einer Brokerfirma an einen Kunden, genug Geld einzuzahlen, damit die nötigen Anforderungen für die Beibehaltung des Kontos (und eine Vorschrift des Federal Reserve Boards namens Regulation T) und die Deckung einer ungünstigen Preisbewegung erfüllt sind.

MARKETMAKER

Ein Mitglied einer Börse (normalerweise der Nasdaq), das den Markt für ein bestimmtes Wertpapier betreut und dafür sorgt, dass für das Wertpapier genügend Liquidität vorhanden ist.

MARKET-ORDER

Eine Order, eine Aktie zum aktuellen Marktpreis zu kaufen oder zu verkaufen.

MARKTINDIKATOR

Ein Marktindikator – das kann ein technischer Indikator, ein Stimmungsindikator, ein fundamentaler Indikator oder ein Wirtschaftsindikator sein – erzeugt Signale, die Hinweise und Erkenntnisse hinsichtlich der künftigen Entwicklungsrichtung des Marktes liefern.

MENTALER STOPP

Ein Stop-Loss, der nicht als konkrete Order aufgegeben, sondern nur aufgeschrieben oder gemerkt wird.

NACHBÖRSLICHER/VORBÖRSLICHER HANDEL

Nachdem der reguläre Handel beendet ist, können Anleger und Trader im nachbörslichen beziehungsweise vorbörslichen Handel einzelne Wertpapiere kaufen und verkaufen. Dieser Markt ist von 16:00 bis 8:00 Uhr New Yorker Zeit geöffnet.

NACHLAUFENDER INDIKATOR

Ein technischer Indikator, der dem Preis eines zugrunde liegenden Wertpapiers folgt oder ihm nachläuft.

OPTION

Eine Option ist ein Kontrakt, der einen dazu berechtigt, aber nicht verpflichtet, ein zugrunde liegendes Wertpapier in einem bestimmten Zeitraum zu einem bestimmten Preis zu kaufen oder zu verkaufen.

OSZILLATOR

Dieser Begriff aus der Technischen Analyse wird für einen Indikatortyp verwendet, der sich innerhalb eines gewissen Preisbereichs auf und ab bewegt – oder oszilliert.

PATTERN-DAYTRADER

Die Bezeichnung der SEC für Trader, die ein Wertpapier innerhalb von fünf Tagen mindestens viermal kaufen und verkaufen und die somit gewissen Regeln unterliegen, beispielsweise dass sie mindestens 25.000 Dollar auf ihrem Brokerkonto haben müssen.

POSITIONS-TRADING

Positions-Trading ist eine Trading-Strategie, bei der man Wertpapiere mehrere Tage bis Monate hält.

PUT

Ein Put ist ein Finanzkontrakt, der einen berechtigt, aber nicht verpflichtet, ein Wertpapier bis zu einem bestimmten Zeitpunkt zu verkaufen, wenn gewisse Auflagen erfüllt sind.

RETRACEMENT

Ein Retracement – ein Rücklauf – in einem Aktienchart bedeutet, dass der Preis eines Wertpapiers vorübergehend die Richtung wechselt. Anders gesagt ist es eine vorübergehende Preisumkehr.

RISING WINDOW

Eine Kerzenformation im Tageschart, bei der das gestrige Hoch unter dem heutigen Tief liegt, sodass ein Gap oder eine Kurslücke entsteht.

SCALPING

Eine Daytrading-Strategie, bei der man aus kleinen Preisbewegungen Gewinn zieht.

SECURITIES AND EXCHANGE COMMISSION (SEC)

Die SEC ist eine vom Kongress geschaffene und vom US-Präsidenten ernannte staatliche Kommission, die die Wertpapiermarkte reguliert und Anleger vor Betrug und Manipulation schützt.

SHOOTING STAR

Eine Kerzenformation, die sich im Aufwärtstrend bildet und eine Wende signalisieren kann.

SHORTEN (LEER VERKAUFEN)

Bei dieser Praxis leiht man sich von einer Brokerfirma Aktien, verkauft sie und kauft sie später hoffentlich mit Gewinn zu einem niedrigeren Preis zurück.

SLIPPAGE

Wenn man eine Market-Order aufgibt, die Differenz zwischen dem geschätzten Preis und dem tatsächlichen Ausführungspreis.

SPECIALIST

Mitglied einer Börse (bezieht sich gewöhnlich auf die New York Stock Exchange), das den Markt für ein bestimmtes Wertpapier betreut und dafür sorgt, das bei diesem Wertpapier genug Liquidität vorhanden ist.

SPREAD

Die Differenz zwischen dem Geld- und dem Briefkurs eines Wertpapiers.

STOCHASTIK

Der Stochastik ist ein Indikator, mit dem man bestimmen kann, ob ein Wertpapier überkauft oder überverkauft ist.

SWING-TRADING

Eine Trading-Strategie, die dadurch Gewinn anstrebt, dass man Positionen über relativ kurze Zeiträume hält, häufig zwei bis fünf Tage lang.

TECHNISCHE ANALYSE

Eine Methode, mit der man anhand von Preis und Volumen Aktien bewertet und versucht, künftige Preise vorherzusehen.

TECHNISCHER INDIKATOR

Ein in einem Chart eingetragener Indikator, der versucht, künftige Preisbewegungen eines Wertpapiers vorwegzunehmen.

TICK

Eine Auf- oder Abwärtsbewegung des Preises eines Wertpapiers.

TICKERSYMBOL

Die Buchstaben, die ein an einer Börse notiertes Wertpapier kennzeichnen.

TIME AND SALES

Der Time and Sales zeigt Informationen über den jüngsten Trade mit einem Wertpapier an, darunter Zeitpunkt, Preis und Größe des Lots.

TRADING-RANGE

Eine Trading-Range oder ein Schwankungsbereich liegt vor, wenn ein Wertpapier zwischen Preishochs und Preistiefs in einem Chart gehandelt wird.

TRAILING-STOP/NACHGEZOGENER STOPP

Eine automatisierte, in Prozent oder Punkten festgelegte Order, die sich nach oben oder unten anpasst, wenn der Aktienkurs steigt beziehungsweise fällt.

TREND

Die aktuelle Bewegungsrichtung eines Wertpapiers. Ein Abwärtstrend liegt vor, wenn die Gesamtrichtung nach unten geht, und ein Aufwärtstrend, wenn die Gesamtrichtung nach oben geht.

TRENDLINIE

Eine gerade Linie, die mindestens zwei entscheidende Preispunkte miteinander verbindet, entweder zwei Tiefs in einem Aufwärtstrend oder zwei Hochs in einem Abwärtstrend.

UMKEHR

In einem Aktienchart bedeutet Umkehr, dass der Preis eines Wertpapiers die Richtung wechselt.

UNTERSTÜTZUNG

In einem Aktienchart ein Preisniveau, auf dem Käufer verhindern, dass die Aktie weiter fällt.

ÜBERKAUFT

Damit ist ein Zustand gemeint, in dem die Nachfrage nach einem Wertpapier so stark ist, dass sein Preis zu weit gestiegen ist.

ÜBERVERKAUFT

Damit ist ein Zustand gemeint, in dem die Nachfrage nach einem Wertpapier so schwach ist, dass sein Preis zu weit gefallen ist.

WERTPAPIER

Ein Anlageinstrument wie eine Aktie, eine Anleihe, ein Zinszertifikat oder eine Option, um nur wenige zu nennen.

WIDERSTAND

Das Preisniveau in einem Aktienchart, an dem die Verkäufer verhindern, dass die Aktie weiter steigt.

VOLATILITÄT

Die Volatilität sagt aus, wie sehr sich ein Wertpapier innerhalb eines Zeitraums nach oben und unten bewegt.

VOLUMEN

Das Handelsvolumen oder der Umsatz ist die Anzahl von Stücken eines Wertpapiers, die in einem gewissen Zeitraum gehandelt wird.